JN291736

Sammlung 〈Ausführliche Praktische Deutsche Grammatik〉 5
Herausgeber: Nagatoshi Hamasaki, Jun Otomasa, Itsuhiko Noiri
Verlag: Daigakusyorin

Adverb

副詞

井口 靖 著

浜崎長寿・乙政 潤・野入逸彦編集〈ドイツ語文法シリーズ〉5

東京 大学書林 発行

「ドイツ語文法シリーズ」刊行のことば

　ドイツ語の参考書も時代とともにいつしか種類が大いに変わって，初心者向きのものが多彩になるとともに，中級者や上級者のためのものは種類が減ってしまった．かつては書店のドイツ語参考書の棚でよく見かけた著名な中・上級向けの参考書はほとんど姿を消してしまっている．
　ドイツ語の入門者の要求がさまざまであることに対応して，さまざまに工夫された参考書が刊行されていることは，ドイツ語教育の立場からして大いに歓迎されるべきことである．しかし，入門の段階を終えた学習者がその次に手にするべき参考書の種類が乏しいことは，たんに中・上級へ進んだ人々が困るという問題であるばかりでなく，中・上級の学習者層が育たない原因にもなりかねず，その意味ではドイツ語教育の立場から憂わしい状態であると言うことができよう．
　私たちは，ドイツ語文法の入門課程を終えた人々が中・上級者としての知識を身につける基礎を提供することによって今日のわが国におけるドイツ語教育に寄与したいと考えた．そして，『ドイツ語文法研究概論』と題するハンドブックを第1巻として，他は品詞を単位に，あるいは「格」や「副文」のような文法項目を単位に，またあるいは「語彙」，「造語」，「発音」，「綴字」，「表現」，「文体」など中級者が語学力のうちに数えるべき分野を単位に，すべてを10巻にまとめ，「ドイツ語文法シリーズ」のタイトルのもとに刊行することにした．
　また，第Ⅱ期分として，第Ⅰ期に盛ることができなかった品詞や文法項目や分野を網羅してさらに引き続いての10巻にまとめる計画も立てている．
　初級の文法知識をマスターして実地にそれらの知識を適用しながらさらに勉強を続けている人は，勉強して行くうちにさまざまな問題に出会って，自分の持っている知識をさらに深めたいと思っているはずである．あるいは特定の品詞や項目や分野について体系的な知識を得たいと望んでいると思われる．あるいはまた，自分が教えている現代ドイツ語の語形がどのようにして成立したのかという歴史的な由来も中級的な知識の一端として知りたいと考えられることもあろう．そのような希望に応えて，中・上級学習者の実地に役立つ知識を提供することが私たちの第一の願いである．そして，その際に

刊行のことば

　記述がみだりに固くて難解にならないよう配慮し，いわば嚙んで含めるように述べ，かつまた，きちんと行き届いた説明をすることが，私たちが心がけた第一の点である．

　各巻には巻末に参考文献を挙げ，索引を付けた．読者はこれらの文献を利用すれば，問題の品詞や項目や分野についてさらに広範で深い知識を得ることができる．読者はまた索引によって，日頃出会う疑問に対する解答を容易に見つけることができるであろう．そして索引はそればかりではなく，問題の品詞や項目や分野についてどのような研究テーマがあるのかを知るためにも役立てることができるであろう．

　私たちの「文法シリーズ」は，こうして，なによりも中・上級ドイツ語の学習者に実地に役立つことを目指してはいるけれども，同時にそれは現在すでに教壇に立たれ，ドイツ語を教えておられる方々にも必ずやお役に立つと信じる．授業を進められるうちに，自分の知識を再度くわしく見直したり，体系的に整理されたりする必要はしばしば生まれると考えられるからである．各巻の詳しい説明はその際にきっと役に立つであろう．また，各巻に添えられた文献表や索引もさらに勉強を深められるうえでお役に立つと信じる．

　私たちのこのような意図と願いは，ドイツ語学の若手研究者として日々篤実な実績を積まれている方々の協力によって，ここに第Ⅰ期10巻として実り，逐次刊行されることとなった．各執筆者の協力を多とするとともに，このような地味なシリーズの刊行を敢えて引き受けて下さった大学書林の御好意に対して深く謝意を表明するものである．

1999年　夏

浜崎長寿
乙政　潤
野入逸彦

はしがき

　「副詞」という品詞は従来から「くずかご」のようなものだと言われてきました．それは名詞や動詞，形容詞，接続詞，前置詞などからはじき出されたものがすべて「副詞」の中へ放り込まれているからです．そして，文法でもほとんどの場合，片隅に追いやられるか，ほとんど触れられずに捨て置かれてきました．副詞という品詞にはまさにくずかごのように種々雑多なものが含まれ，そのため文法としては記述しにくいからでしょう．ところがよく見るとそのくずかごの中には宝石も含まれているのです．副詞をうまく使うことによって文全体がきらきらと光り輝く表現に変わることもあるのです．

　本書では，単に雑多な副詞を拾い出して並べるだけではなく，一つの独自の視点から整理してみようと思います．その際，著者が手がかりにしたのは，話し手が現実世界の事柄や自分の頭の中で思い浮かべた事柄をどのように表現していくかということです．これはドイツ語の副詞だけにとどまらず，人間の言語の本質に関わる問題となるものでしょう

　副詞に関しては未知の事柄がたくさんあります．ここでできる精一杯のことは，宝石の原石と思われるものを拾い出して整理することだけでしょう．それを磨き上げるのは今後の仕事です．読者の方がごいっしょに原石を磨いていただければこれ以上心強いことはありません．そして，副詞というくずかごは本当は宝石箱だったのだと気づいていただければとてもうれしく思います．

2000年　春
著者しるす

目　　次

5.1. 副詞の概略 ……………………………………………………………1

  5.1.1.　副詞というもの ………………………………………………………1
  5.1.2.　副詞と副詞的要素 ……………………………………………………1
  5.1.3.　副詞の分類 ……………………………………………………………2
  5.1.3.1.　　副詞の機能 ………………………………………………………2
  5.1.3.2.　　現実世界と想定世界 ……………………………………………4
  5.1.3.2.1.　　文の要素と現実世界 …………………………………………4
  5.1.3.2.2.　　文と現実世界 …………………………………………………4
  5.1.3.2.3.　　想定世界と命題 ………………………………………………6
  5.1.3.3.　　命題内機能と命題外機能 ………………………………………7

5.2. 命題内機能 ……………………………………………………………9

  5.2.1.　程度を補正する機能（程度副詞） …………………………………9
  5.2.1.1.　　程度副詞の形と位置 ……………………………………………11
  5.2.1.2.　　程度を補正する機能の詳細 ……………………………………12
  5.2.1.2.1.　　程度が高いことを表すもの …………………………………13
  5.2.1.2.2.　　程度が低いことを表すもの …………………………………13
  5.2.1.2.3.　　その状態に完全に達していることを表すもの ……………14
  5.2.1.2.4.　　その状態に完全に達してはいないことを表すもの ………16
  5.2.1.2.5.　　前後を表すもの ………………………………………………17
  5.2.1.2.6.　　程度を表す表現を指示するもの ……………………………18
  5.2.1.2.7.　　注意を要する程度副詞 ganz …………………………………19
  5.2.2.　状況を表現する機能（空間副詞・時間副詞・様態副詞・因果副詞）
  ………………………………………………………………………………21
  5.2.2.1.　　空間・時間・様態副詞の比較変化 ……………………………22
  5.2.2.2.　　空間・時間・様態・因果副詞の機能 …………………………24
  5.2.2.2.1.　　動詞に作用する場合 …………………………………………24

目　次

5.2.2.2.1.1.　動詞の補足成分 ……………………………………25
5.2.2.2.1.2.　動詞の添加成分 ……………………………………25
5.2.2.2.2.　名詞に作用する場合 ……………………………………26
5.2.2.2.3.　時間・空間・様態・因果副詞と文の構造 ……………26
5.2.2.2.4.　文の構造と副詞の語順 ………………………………28
5.2.2.3.　主な空間・時間・様態・因果副詞 ……………………29
5.2.2.3.1.　空間副詞 ……………………………………………29
5.2.2.3.1.1.　場所を表す副詞 …………………………………29
5.2.2.3.1.1.1.　hier, dort, da ………………………………30
5.2.2.3.1.1.1.1.　da の場面指示用法 …………………………31
5.2.2.3.1.1.1.2.　da の文脈指示用法 …………………………32
5.2.2.3.1.1.1.3.　特定の場所等を指さない da ………………33
5.2.2.3.1.1.2.　場所を尋ねる疑問副詞 …………………………34
5.2.2.3.1.1.3.　場所を表す関係副詞 ……………………………34
5.2.2.3.1.2.　方向を表す副詞 ……………………………………34
5.2.2.3.1.2.1.　hin, her ………………………………………35
5.2.2.3.1.2.2.　方向を尋ねる疑問副詞 …………………………35
5.2.2.3.1.2.3.　方向を表す関係副詞 ……………………………36
5.2.2.3.2.　時間副詞 ……………………………………………36
5.2.2.3.2.1.　時間を表す副詞 ……………………………………37
5.2.2.3.2.1.1.　相対的な時間を表す副詞 ………………………37
5.2.2.3.2.1.1.1.　定まった時間幅がある副詞 …………………37
5.2.2.3.2.1.1.2.　期間の始まりが基準時となる副詞 …………38
5.2.2.3.2.1.1.3.　期間の終わりが基準時となる副詞 …………39
5.2.2.3.2.1.2.　非相対的な時間を表す副詞 ……………………39
5.2.2.3.2.1.2.1.　時間が無制限であることを表す副詞 ………39
5.2.2.3.2.1.2.2.　絶対的な時間を表す副詞 ……………………40
5.2.2.3.2.2.　回数・頻度・反復を表す副詞 ……………………41
5.2.2.3.2.3.　順序を表す副詞 ……………………………………41
5.2.2.3.2.4.　時間を表す否定副詞 …………………………………41
5.2.2.3.2.5.　時間を尋ねる疑問副詞 ………………………………42
5.2.2.3.2.6.　時間を表す関係副詞 …………………………………42

5.2.2.3.3. 様態副詞 …………………………………………………42
5.2.2.3.4. 因果副詞 …………………………………………………44
5.2.2.3.4.1. それ自体に原因・理由などの内容を含む副詞 …………45
5.2.2.3.4.2. 因果関係を尋ねる疑問副詞 …………………………46
5.2.3. 文を接続する機能（接続副詞）………………………………46
5.2.3.1. 因果副詞 …………………………………………………46
5.2.3.1.1. 原因・理由などの内容を代名詞的な要素で示す副詞 ………47
5.2.3.1.2. それ自体に原因・理由などの内容を含まない副詞 ………47
5.2.3.2. 制限・付加副詞 …………………………………………48
5.2.3.3. 代名副詞 …………………………………………………50
5.2.3.3.1. da[r]＋前置詞 …………………………………………50
5.2.3.3.2. hier＋前置詞 …………………………………………52
5.2.3.4. 関係副詞 …………………………………………………53
5.2.4. 尋ねる機能（疑問副詞）………………………………………54

5.3. 命題外機能 …………………………………………………57

5.3.1. とりたて機能（とりたて詞）…………………………………57
5.3.1.1. とりたて詞の位置 …………………………………………58
5.3.1.2. とりたて詞と焦点 …………………………………………59
5.3.1.2.1. とりたて詞の焦点 …………………………………………59
5.3.1.2.2. 焦点ととりたて詞の位置 …………………………………60
5.3.1.2.2.1. とりたて詞＋焦点（焦点の直前に置かれる場合）…………60
5.3.1.2.2.2. 焦点＋とりたて詞（焦点の直後に置かれる場合）…………61
5.3.1.2.2.3. 焦点＋…＋とりたて詞（焦点の後に離して置かれる場合）61
5.3.1.2.2.4. とりたて詞＋…＋焦点（焦点の前に離して置かれる場合）62
5.3.1.3. とりたて機能の種類 ………………………………………62
5.3.1.3.1. とりたて詞と想定世界 ……………………………………62
5.3.1.3.2. 選択型とりたて機能 ………………………………………63
5.3.1.3.2.1. 排除的とりたて詞 ………………………………………64
5.3.1.3.2.2. 包含的とりたて詞 ………………………………………65
5.3.1.3.3. 比較型とりたて機能 ………………………………………65

目　次

5.3.1.3.3.1.　上位ランク型とりたて詞	66
5.3.1.3.3.2.　下位ランク型とりたて詞	66
5.3.2.　スケール機能（スケール詞）	68
5.3.2.1.　nur	68
5.3.2.2.　mindestens, wenigstens, zumindest ; höchstens	69
5.3.2.3.　erst, noch, schon	70
5.3.2.3.1.　状態表現での erst, noch, schon	71
5.3.2.3.2.　できごと表現での erst, noch, schon	74
5.3.2.3.3.　時間関係以外を表す erst, noch, schon	78
5.3.3.　否定機能（否定詞）	79
5.3.3.1.　否定の方法	80
5.3.3.2.　nicht の位置と否定の焦点	80
5.3.3.2.1.　nicht の位置	80
5.3.3.2.2.　文否定と部分否定	81
5.3.3.3.　否定の意味を表さない nicht	83
5.3.4.　話法機能（話法詞）	85
5.3.4.1.　話法詞の形	87
5.3.4.2.　話法詞の位置	87
5.3.4.3.　話法詞の焦点	89
5.3.4.4.　話法詞の詳細	91
5.3.4.4.1.　文肢性	91
5.3.4.4.2.　文性	92
5.3.4.4.3.　話し手の心的態度	92
5.3.4.4.4.　話法詞と想定世界・現実世界	95
5.3.4.5.　話法詞の種類	95
5.3.4.5.1.　話し手の判断に関わる話法詞	95
5.3.4.5.1.1.　話し手の判断に関わる話法詞の種類	95
5.3.4.5.1.1.1.　事実判断の話法詞	95
5.3.4.5.1.1.2.　事実主張の話法詞	99
5.3.4.5.1.1.3.　判断留保の話法詞	102
5.3.4.5.1.2.　話し手の判断に関わる話法詞の特徴	102
5.3.4.5.1.3.　話し手の判断に関わる話法詞の個別的な問題	105

5.3.4.5.1.3.1.	bestimmt, gewiß, sicher	105
5.3.4.5.1.3.2.	eventuell, möglicherweise, vielleicht	107
5.3.4.5.1.3.3.	wohl	108
5.3.4.5.1.3.4.	tatsächlich, wirklich	110
5.3.4.5.2.	話し手の心情・評価に関わる話法詞	112
5.3.4.5.2.1.	話し手の心情・評価に関わる話法詞の種類	112
5.3.4.5.2.1.1.	心情表出の話法詞	112
5.3.4.5.2.1.2.	評価の話法詞	113
5.3.4.5.2.2.	話し手の心情・評価に関わる話法詞の特徴	116
5.3.4.5.2.3.	話し手の心情・評価に関わる話法詞の個別的な問題	117
5.3.4.5.2.3.1.	besser と lieber	117
5.3.4.5.2.3.2.	主語指向の話法詞	117
5.3.4.5.2.3.3.	hoffentlich	118
5.3.4.5.3.	述べ方に関わる話法詞	119
5.3.5.	心態機能（心態詞）	120
5.3.5.1.	心態詞の形と文アクセント	122
5.3.5.2.	心態詞の位置	122
5.3.5.3.	心態詞の焦点	123
5.3.5.4.	心態機能の詳細	125
5.3.5.4.1.	心態詞の自立性	125
5.3.5.4.2.	心態詞の用法	127
5.3.5.4.2.1.	ドイツ語の文タイプ	127
5.3.5.4.2.2.	文タイプと心態詞	128
5.3.5.4.2.2.1.	平叙文に使われる心態詞	128
5.3.5.4.2.2.2.	決定疑問文に使われる心態詞	132
5.3.5.4.2.2.3.	補足疑問文に使われる心態詞	134
5.3.5.4.2.2.4.	命令文に使われる心態詞	137
5.3.5.4.2.2.5.	願望文に使われる心態詞	140
5.3.5.4.2.2.6.	感嘆文に使われる心態詞	141
5.3.5.5.	心態詞の結合	142
5.3.5.6.	心態詞とその同音異義語	144
5.3.6.	応答機能（応答詞）	146

目　次

5.3.6.1.　応答詞の形と位置 …………………………………………147
5.3.6.2.　応答機能 ………………………………………………………147
5.3.6.3.　応答詞の種類 …………………………………………………147
5.3.6.3.1.　疑問に対する応答詞 ……………………………………148
5.3.6.3.2.　申し出に対する応答詞 …………………………………148
5.3.6.3.3.　陳述に対する応答詞 ……………………………………149
5.3.6.3.4.　命令・呼びかけに対する応答詞 ………………………149
5.3.6.3.5.　その他の応答詞 …………………………………………149

主要な参考文献 …………………………………………………………150
例文出典 …………………………………………………………………153
語の索引 …………………………………………………………………155
事項の索引 ………………………………………………………………160

5.1. 副詞の概略

5.1.1. 副詞というもの

「副詞」のことをドイツ語では Adverb と言う．これはラテン語の adverbium から来たもので，もともとは「動詞に付加されるもの」という意味である．よって，伝統的には副詞は「動詞を修飾するもの」というような定義がなされてきた．あるいは，もう少し詳しく「動詞，形容詞，あるいは他の副詞を修飾するもの」と言われることもあった．しかし，実際には他のどの品詞にも含めることのできない語は副詞に分類されてしまったので，その中には種々雑多なものが含まれている．

したがって，副詞という品詞を積極的に定義するのはほとんど不可能である．本書では，一般に副詞と分類されている語をすべて対象にすることにする．近年の傾向として，従来副詞とされたものの中から，特別な働きをするグループを取り出し，Modalwort, Modalpartikel, Gradpartikel などと名付けて別の品詞とすることもあるが，本書ではそれらも含めた広い意味で「副詞」という用語を用いることにする．

5.1.2. 副詞と副詞的要素

本書では品詞としての副詞と文要素としての副詞を区別して考えることにする．以下では「副詞」という言い方はもっぱら品詞としての副詞を指すものとし，文要素としての副詞を指す場合には「副詞的要素」と呼ぶことにする．副詞的要素は統語論では状況語（→ 1.2.34.），補足語/添加語（→ 1.1.4.の Satzbauplan）などと呼ばれることもある．たとえば次の文の fleißig, gut は品詞としては形容詞であるが，これらの文では副詞的要素として用いられている．

(1a) Er arbeitet *fleißig*. （彼は一生懸命に働いている．）

(1b)　Sie singt *gut*.（彼女は上手に歌う．）

このようにドイツ語では副詞以外にも形容詞がそのままの形で副詞的要素となることが多い．古くは-e（もっと古くは-o）という語尾が副詞を表し，今もalleine, ferne, lange などに残っているが，これらも lange を除いて形容詞と同じ形で用いられるのがふつうである．

　形容詞の他にも，名詞が4格や2格の形で副詞的要素となることもある．

(2a)　*Jedes Jahr* fährt er nach Deutschland.（彼は毎年ドイツへ行く．）

(2b)　Ich traf ihn *eines Abends*.（私はある晩彼に会った．）

　この他，〈前置詞＋[冠詞]＋名詞〉や分詞句（→ 9.1.10.2.）や不定詞句（→ 9.1.9.2.）が副詞的要素となることもある．

(3a)　Er legte das Buch *auf den Tisch*.（彼はその本を机の上に置いた．）

(3b)　*In Berlin angekommen*, suchte er sofort seinen Freund auf.（彼はベルリンに着くと，すぐに友人を訪ねた．）

(3c)　Er rennt, *um den Zug zu erreichen*.（彼はその列車にまにあうように走る．）

　副文も副詞的要素となる場合がある．

(4a)　Ich trat in die Grundschule ein, *als ich sechs Jahre alt war*.（私は6歳の時小学校に入学した．）

(4b)　*Wenn du Zeit hättest*, hätten wir eine Party.（もし君に時間があったら，僕たちはパーティをするのに．）

　本書では原則として，上であげた形容詞，名詞，〈前置詞＋[冠詞]＋名詞〉，分詞句，不定詞句，副文などの副詞的要素は考察の対象とせず，品詞としての副詞を取り扱うことにする．

5.1.3.　副詞の分類

5.1.3.1.　副詞の機能

　ドイツ語の副詞は比較変化（→ 5.2.2.1.）を除いて語形変化しないので，変化のしかたで分類することはできない．そうすると，まず文の中での位置で分類することが考えられるが，ドイツ語の副詞は文の中でさまざまな位置を占めており，副詞特有の位置というのは見出せない．

5.1　副詞の概略

　次に，意味で分類することも考えられる．しかし，副詞にはさまざまな性質の語が含まれている．hier, heute, allein など，空間・時間・様態などを表す副詞には名詞や動詞などと同じように具体的に思い浮かべることのできる意味がある．その一方，nicht や nur, auch などには意味がないわけではないが，空間副詞などに比べるととらえにくい意味である．それは，空間・時間・様態の副詞が現実世界に指示対象を持っているのに対して，nicht, nur, auch などはそれ自体現実世界に指示対象を持っていないからである．それでも nicht, nur, auch などは日本語にほぼそれに相当する語があるので私たちにも理解しやすいが，必ずしも日本語に直接翻訳できない語も多い．だからと言ってまったく意味のない語が存在するとは考えられない．つまり，副詞の中には，具体的に意味がとらえられるものから，その語自体には独立して取り出せるような具体的な意味がほとんど感じられないものまであるということである．したがって，意味を手がかりにして副詞を分類していくことには無理があると言えよう．

　しかし，たとえ具体的な意味が取り出せない副詞であっても文の中でなんらかの働きはしているはずであるから，文の中での働きによって副詞を分類することは可能であろう．たとえば，接続副詞 (Konjunktionaladverb)，疑問副詞 (Frageadverb, Interrogativadverb)，代名副詞 (Pronominaladverb)，関係副詞 (Relativadverb) などという副詞のグループが立てられることがあるが，これらの呼び方は意味ではなく文の中での働きに注目したものである．このような文の中での働きという視点に立てば，時間や空間を表す副詞もできごとの状況を記述するという働きを持っていると考えることができるし，様態を表す副詞は動詞の表す動作や状態の様子を描写する働きをすると考えることができる．ここでは副詞の文の中でのこのような働きを「機能」と呼ぶことにする．以下では機能によって副詞を分類し，体系的に記述することを試みる．

　したがって，本書での分類は一般的に考えられている副詞の分類とは根本的に異なる．ここではまずドイツ語の副詞が実際に文に用いられたときに果たす機能をいくつか設定する．その機能は，これまでの研究成果をふまえながら，実際のドイツ語のさまざまな文を検討した上で抽出したものである．そして一つ一つの副詞がそのうちのどの機能で用いられるかを示すことにする．そうすると，同一の副詞がいくつかの機能に対応するという場合も出て

くる．これは，どの語もなんらかの基本的な意味を持っており，その語が文に用いられた場合にさまざまな機能を持ってくるという考え方に基づいている．

5.1.3.2. 現実世界と想定世界

具体的なドイツ語の副詞の機能を立てる前に，まず，話し手がどのようにして文を作り出すのかというモデルを説明する．これはまだ一つの仮定であるが，これに基づくとドイツ語の副詞のさまざまな機能を統一的に説明することが可能になる．以下はやや抽象的な話になるので，副詞についての具体的な情報が必要な場合にはここを飛ばして5.2.以降に進んでいただいてもかまわない．ただし，ここで説明する立場が本書全体を貫いているので，いつかは一度立ち戻っていただきたいと思う．

5.1.3.2.1. 文の要素と現実世界

文を構成する要素には，現実世界に指示対象を持つものと，現実世界に指示対象を持たないものがある．主語や目的語になる名詞，その文の述語になる動詞は現実世界に指示対象を持っている．たとえば，Peter schläft. (Peterは眠っている) という文ではPeterもschlafenという行為も現実世界に指示対象を持っている．形容詞は，たとえその指示対象が目に見える形としては存在しないにしても，現実世界の物に関して用いることができ，現実世界に指示対象を持つと言える．たとえばRenate ist schön. (Renateは美しい) という文ではschön自体に形はないが，現実世界に存在するRenateの状態を描写しており，schönには現実世界に指示対象がある．

これらに対して，接続詞はたとえばできごとの起きた順番などを表す場合には現実世界の時間の流れに対応していると言えるが，文と文との論理関係などは現実世界に対応していると言うよりはむしろ話し手の判断に対応していると言うべきである．同様に，空間・時間・様態などを表す副詞は現実世界に指示対象が存在するが，nicht, nur, auch, wahrscheinlichなどはそれ自体は現実世界には指示対象を持たない．

5.1.3.2.2. 文と現実世界

現実世界に指示対象を持つ要素や現実世界に指示対象を持たない要素を組

5.1 副詞の概略

み合わせて文が形成されるとすると，その文の表す事柄は現実世界とどのような関係にあるのだろうか．Das Kind spielt hier.（その子供はここで遊んでいる）という平叙文は現実世界の事柄を述べた文のように思われる．少なくとも話し手は現実世界に存在すると認識した事柄として述べている．ところが命令文の Spiel hier！（ここで遊べ）という文においては，「(君が) ここで遊ぶ」という事柄は現実世界に存在しない．命令文はその事柄が現実ではないから現実化しようとして発せられた文である．願望文と呼ばれる文も同じことである．そうすると，この文で表現されている「(君が) ここで遊ぶ」という内容は話し手が頭の中で思い描いている事柄ということになる．話し手は自分の頭の中で思い描いている事柄を実現させたいと思い，命令文や願望文を用いるのである．

　決定疑問文の場合にも話し手が頭の中で描いている事柄があると思われる．たとえば Spielt das Kind hier？（その子供はここで遊んでいるか）という疑問文では，話し手は「その子供がここで遊んでいる」という事柄を頭に描いたが，それが現実にあてはまるかどうかわからないので相手に尋ねている．あるいは逆に，当初は「その子供が庭で遊んでいる」または「その子供がここで寝ている」というような予測をしていたが，状況から新たに「その子供がここで遊んでいる」と想定されたので，その想定が現実世界にあてはまるかどうかを尋ねているとも考えられる．いずれにせよ，決定疑問文においても頭に思い浮かべた事柄が表現されていることになる．

　平叙文の場合は現実の事柄を見てそれをそのまま描いていると考えられる場合もあるが，しかしまだ起こっていないことを事実として述べる場合も多いであろう．たとえば，Das Kind kommt morgen.（その子供はあした来る）というような場合である．これは話し手の頭の中で描いている事柄である．話し手はたとえ頭の中にしかない事柄であってもそれが現実に起こるものと見なしているときには直説法の平叙文で表現するのである．特に何の制限もつけなければ，平叙文で表現された事柄は話し手が事実と見なしている事柄である．そして，この節の最初にあげた Das Kind spielt hier. のように現実世界の事柄をそのまま描いているように見える場合でも，厳密にはそれは話し手が事実と認識した事柄であり，これもまた話し手の頭の中にある事柄と言えるだろう．

　以上見たようにどのような文の場合でも話し手は自分の頭の中でなんらか

の事柄を思い描き、それと現実世界を対比しながら発話しているのだと考えられる．

5.1.3.2.3. 想定世界と命題

　話し手は自分の頭の中に現実とは別のひとつの世界を持っており、その中でさまざまな事柄を描いている．何かを発話するときにはそれが現実世界と照らし合わされる．そしてそれが現実世界とどのように関係しているかが表現される．この話し手の頭の中にある世界を「想定世界」と呼ぶことにする．想定世界であるとはいえ、それは常に現実との対応が問われる世界である．ここで描かれる事柄は現実世界に指示対象を持つ要素で成り立っていなければならない．

　それでは「現実世界に指示対象を持つ要素で成り立っている事柄」とは具体的にはどのような事柄であろうか．それは「誰か〈何か〉がどうする〈である〉」ということを核にして、それが起こる時間、空間、様態、原因などの状況的枠組みが描写されたものである．これは言語的に裏付けることができる．なぜならこれらには対応する疑問詞があるからである．ドイツ語の疑問詞には、was「何」, wer「だれ」, wann「いつ」, wo「どこ」, wie「どのように」, warum「なぜ」の6Wがあり、これは、英語の5W1Hに相当するものである．現実世界に指示対象があるからこそそれらを問うことができるのだと考えられる（もちろん、その他にもwo[r]＋前置詞でさまざま疑問詞を作ることができるが、それらは語形成上二次的なものであるし、意味的にも上の疑問詞に含まれる）．ここではこの6Wで問うことのできる要素を組み合わせて想定世界の中で表現されるものを「命題」と呼ぶことにする．すなわち、命題は「いつどこでなぜ誰が何をどうする」ということを表す．

　話し手はそのようにして想定世界に命題（たとえば er kommt morgen）を持っており、それが現実世界の事柄と一致すると考えられる場合には直説法の平叙文で表現する（Er kommt morgen.）．命題は何も制限をつけなければ現実世界の事柄と見なされる．厳密に言うと、上でも述べたように、話し手が現実世界の事柄だとしていることでも、それは話し手が認識した事柄であり、必ずしも現実世界の事柄そのものではない．ここでは話を単純にするために話し手が認識した事柄を現実世界の事柄であるということにしておく．

5.1 副詞の概略

　直説法の場合，平叙文は想定世界の命題が現実世界の事柄に一致していることを述べるものであるが，決定疑問文は想定世界の命題が現実世界の事柄と一致するかどうかを問うものである．

　場合によっては，想定世界の命題に対して話し手が何らかの態度表明をすることがある．たとえば，想定世界の命題が現実世界の事柄に完全に一致するわけではないと見なされる場合には話法詞を付け加えることによって制限をつける（*Wahrscheinlich* kommt er morgen. おそらく彼はあした来るだろう）．あるいは話し手は自分の心情や評価を付け加えることもある（*Leider/Glücklicherweise* kommt er morgen. 残念ながら/幸いにも彼はあした来る）．

　以上のことを図示すると次のようになる．

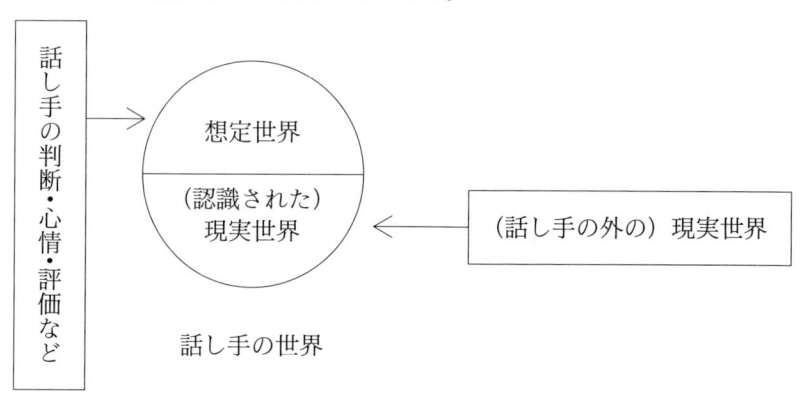

5.1.3.3. 命題内機能と命題外機能

　副詞のうち，時間・空間・様態などを表す副詞は命題を形成するものである．このことを「命題内機能」を持つと言い表す．これに対して，現実世界に指示対象を持たず，疑問詞で問うことができない副詞は命題外のものである．たとえば wahrscheinlich, leider などは命題に対する話し手の判断・心情・評価などを表現し，nur, auch, doch などは表現された命題以外に想定世界に別の命題があることを示唆する．あるいは，nicht はその命題が現実世界の事柄と一致しないことを表現する．これらは命題の外にあって，その命題についての話し手の判断・心情・評価などを表現するものである．このような機能を「命題外機能」と呼ぶことにする．

副詞

　以下では，副詞の機能をまず大きく命題内機能と命題外機能に分け，さらにそれぞれをいくつかの機能に分ける．これは，従来の副詞の分類を踏まえてはいるが，基本的に著者独自の観点から機能を立て，分類したものである．

　なお，ここでは命題内機能を持つ副詞を「○○副詞」，命題外機能を持つ副詞を「○○詞」と呼んでいるが，これはその副詞が特定の機能を持った時の呼び名である．同じ語が機能に応じて，たとえば時間副詞になったり，心態詞になったりすることはありえる．

Ｉ．命題内機能
　　　程度を補正する機能（程度副詞）
　　　状況を表現する機能（空間副詞・時間副詞・様態副詞・因果副詞）
　　　文を接続する機能（接続副詞）
　　　尋ねる機能（疑問副詞）

ＩＩ．命題外機能
　　　とりたて機能（とりたて詞）
　　　スケール機能（スケール詞）
　　　否定機能（否定詞）
　　　話法機能（話法詞）
　　　心態機能（心態詞）
　　　応答機能（応答詞）

5.2. 命題内機能

　命題内機能を持つ副詞は，狭い意味で「副詞」と考えられている語とほぼ一致する．それは，副詞の伝統的かつ今日でも一般的な定義の「動詞・形容詞・他の副詞を修飾する」という働きを持つものである．ただし，「形容詞・副詞を修飾する」という働きと「動詞を修飾する」という働きはかなり異なる．

　まず，「形容詞や副詞を修飾する」ということは，形容詞や副詞が本来表現する状態や様態の程度に補正を加えるということである．ここではその機能を「程度を補正する機能」とし，その機能を持つ副詞を「程度副詞」と呼ぶ．

　「動詞を修飾する」ときには，動詞で表される動作の空間，時間，様態などを示すが，場合によっては，その文全体で表現されている事柄の起きる場所，時刻(時間)，原因・理由などの枠組みを表現することもある．ここでは空間，時間，様態，原因・理由などを表現する機能を「状況を表現する機能」とし，その機能を持つ副詞を意味によって「空間副詞」「時間副詞」「様態副詞」「因果副詞」に分類する．

　また，副詞が文を接続する機能を持つことがある．それらは「接続副詞」と呼ぶ．これには，単に文を接続するだけではなく，その文において場所，時間などの状況を表現する機能を持つ「関係副詞」や「代名副詞」も含まれる．これに加えて，尋ねる機能を持つ「疑問副詞」というグループも別に立てることにする．

5.2.1. 程度を補正する機能（程度副詞）

　程度副詞は形容詞や副詞に作用し，その形容詞や副詞が表す状態や様態の程度を補正する．否定を表す語に作用するものもある．
　主な程度副詞には次のようなものがある．
　　　Sie singt *besonders* gut. （彼女は非常に上手に歌う．）
　　　Das ist *durchaus* möglich. （それは完全に可能である．）

副　詞

Er ist *etwas* böse.（彼はいくらか疲れている．）
Der Bau ist *fast* fertig.（その工事はほとんど完成している．）
Das Konzert war *ganz* toll.（そのコンサートはまったくすばらしかった．）
Ich habe *gar* niemanden gesehen.（私はまったく誰にも会わなかった．）
Er ist fleißig *genug*.（彼は十分勤勉だ．）
Das ist ein *geradezu* ideales Beispiel.（それはまさに理想的な例だ．）
Sie sprachen *immer* lauter.（彼らはますます大声で話した．）
Das ist *sehr* schön.（それはとてもきれいだ．）
Warum bist du *so* spät gekommen?（君はなぜそんなに遅れて来たんだ．）
Ich denke *überhaupt* nicht an einen Rücktritt.（私は引退など考えてはいない．）
Er ist *viel* fleißiger als du.（彼は君よりはるかに勤勉だ．）
Sein Garten ist *ziemlich* groß.（彼の庭はかなり大きい．）
Das ist *zu* schwierig.（それは難しすぎる．）

次のような語はふつうは形容詞として用いられるが，程度副詞として用いられることもある．

abscheulich, anständig, arg, bitter, böse, echt, ehrlich, einzig, empfindlich, enorm, entsetzlich, erheblich, ewig, furchtbar, fürchterlich, gemein, gräßlich, grausam, hell, herzlich, hübsch, jämmerlich, kolossal, lächerlich, mächtig, ordentlich, peinlich, reichlich, rein, richtig, riesig, schändlich, scheußlich, schlicht, schön, schrecklich, schwer, selten, stark, sterblich, unerhört, ungeheuer, ungewöhnlich, unglaublich, ungleich, unheimlich, unwesentlich, verdammt, verzweifelt, wahnsinnig, wesentlich, widerlich, wirklich, wunderbar, ...

ここにあげていない語でも程度副詞として用いられるものはあるし，また，現在では程度副詞として用いられない形容詞でも将来は程度副詞として用いられるようになる可能性がある．

熟語の程度副詞として次のようなものがある．

Das ist *bei weitem* schöner.（このほうがはるかに美しい．）
Ich war *durch und durch* naß.（私はびしょぬれだった．）

5.2. 命題内機能

Ich bin *ein bißchen* müde. （私は少し疲れている．）
Es geht mir *ein wenig* besser. （私は少し気分がよくなった．）
Es ist *ganz und gar* vergeblich. （それはまったくむだなことだ．）
Das ist *nicht weiter* schlimm. （それはさほど悪くはない．）
Sie wußte es *nur zu* gut. （彼女はそのことをあまりによく知り過ぎていた．）
Er ist dafür *voll und ganz* verantwortlich. （それはまったく彼の責任だ．）

5.2.1.1. 程度副詞の形と位置

　程度副詞は無変化である．比較変化もしない．程度副詞は形容詞または副詞に作用する．

　　(1a)　Seine Rede ist *ziemlich* lang. （彼の演説はかなり長い．）
　　(1b)　Er hat *ziemlich* lange gewartet. （彼はかなり長く待った．）

　5.2.2.で述べる空間・時間・様態副詞は単独で「文肢」(Satzglied；→ 1.1.4.)となることができる．本書では，副詞が単独で文肢になることができる性質を「文肢性」と呼ぶことにする．その副詞が単独で主文の定動詞の前に置ければ文肢性があるということになるし，置けなければ文肢性がないということになる．程度副詞はそれが作用している形容詞や副詞とともに定動詞の前に移動することができるが，単独では移動できない．よって，程度副詞は文肢性がないということになる．

　　(2a)　Er ist *ziemlich* spät gekommen. （彼はかなり遅くやってきた．）
　　(2b)　*Ziemlich* spät ist er gekommen. （かなり遅く彼はやってきた．）
　　(2c)　*Ziemlich ist er spät gekommen.

(註) 文の前につけられた*は，ネイティブ・スピーカーにより文法的に誤り，またはふつうの状況では言えないとされる文であることを示す．

　程度副詞の代表的な語は sehr である．ただ，sehr は(3)ように動詞に作用することもある．

　　(3a)　Es regnete *sehr*. （ひどい雨だった．）
　　(3b)　Das gefällt mir *sehr*. （私はそれをとても気に入っています．）

(3c) Er hat sich *sehr* verändert. （彼はとても変わった．）

(3d) Danke *sehr*！（どうもありがとう．）

(3)のような場合には，sehr は機能上後述する様態副詞である．この sehr は別の程度副詞の修飾を受けることができる．

(4a) Du darfst dich nicht *so sehr* aufregen. （そんなに興奮しちゃいけないよ．）

(4b) *Wie sehr* ich es bedaure, daß sie durchgefallen ist！（彼女が不合格になったとはなんと残念なことだ．）

(4c) Er hat es sich *zu sehr* zu Herzen genommen. （彼はそのことをあまりに気にかけすぎている．）

(註) ここでは分類上程度副詞の sehr と様態副詞の sehr (→ 5.2.2.3.3.) を区別しているが，これらに意味の違いはほとんどない．

また，様態副詞としての sehr は比較変化をすることもある．

(5) Ich habe mich *mehr* geärgert als je zuvor. （私はかつてないほど腹がたった．）

程度副詞は原則として作用する形容詞や副詞の直前に置かれるが，genug は直後に置かれる．

(6) Das ist schlimm *genug*. （それはまったくひどい．）

5.2.1.2. 程度を補正する機能の詳細

　程度を補正する場合，形容詞や副詞が表す状態や様態の程度を高い方向に補正する場合と低い方向に補正する場合がある．ただし，程度が高いとか低いとかは言えない場合もある．たとえば tot（死んだ）に程度副詞がついている場合には程度の高低を表すとは考えられない．このような場合は別の意味で補正しているのだと考えられる．

　以下では，程度が高いことを表すもの，程度が低いことを表すもの，その状態に完全に達していることを表すもの，その状態に完全に達していないことを表すもの，前後を表すもの，程度を表す表現を指示するものという六つのグループに分けて整理する．最後に注意すべき程度副詞として ganz をとりあげる．

5.2. 命題内機能

5.2.1.2.1. 程度が高いことを表すもの

außergewöhnlich, außerordentlich, bedeutend, besonders, beträchtlich, denkbar, höchst, noch, recht, sehr, so, überaus, ungemein, ungewöhnlich, ungleich, viel, weit, weitaus, wesentlich, zu ; bei weitem, nur noch …

これらがつくとそれが作用する形容詞や副詞は程度副詞がない場合よりも程度が上であることを表す．

 (7a) Er ist *außerordentlich* begabt. （彼はきわめて有能だ．）
 (7b) Das ist *ungemein* wichtig. （それは非常に重要だ．）

このグループの語は，原級，比較級，最上級のどれに作用するかに制限があるものもある．

○原級に作用するもの

außergewöhnlich, außerordentlich, besonders, höchst, recht, sehr, so, überaus, ungemein, ungewöhnlich, zu …

○原級または最上級に作用するもの

denkbar

○主に比較級に作用するもの

bedeutend, beträchtlich, noch, ungleich, viel, weit, wesentlich ; nur noch …

 (8a) Der Kranke sieht heute schon *bedeutend* besser. （その病人は今日はもうずいぶんいいようだ．）
 (8b) Er ist *viel* fleißiger als du. （彼はおまえよりずっと勤勉だ．）
 (8c) Sie ist *weit* älter als ich. （彼女は私よりずっと年上だ．）

○主に比較級または最上級に作用するもの

weitaus

 (9) Die *weitaus* wichtigste Anwendung kam jedoch ganz unerwartet in den letzten Jahren. (MK) （しかしながら近年突然飛び抜けて重要な利用法が出てきた．）

5.2.1.2.2. 程度が低いことを表すもの

einigermaßen, etwas, ganz, unwesentlich, wenig, ziemlich ; ein bißchen, ein wenig …

これら程度副詞はそれが作用する形容詞や副詞が程度副詞を伴わない場合

よりも程度が低いことを表す．

 (10a) Ich bin *einigermaßen* sicher, daß er kommt. （私は彼が来るとかなりの確信を持っている．）

 (10b) Ich bin noch *etwas* müde. （私はまだいくらか眠い．）

 (10c) Es war ein *ziemlich* heißer Tag. （その日はかなり暑い日だった．）

ganz は後で見るように特定の意味の形容詞と共に用いられ，程度が低いことを表す．

 このグループの語は，原級，比較級のどれに作用するかに制限があるものもある．

○原級に作用するもの

 einigermaßen, ganz, ziemlich . . .

○原級または比較級に作用するもの

 etwas, wenig；ein bißchen, ein wenig . . .

○主に比較級に作用するもの

 unwesentlich

5.2.1.2.3. その状態に完全に達していることを表すもの

 absolut, direkt, durchaus, ganz, restlos, total, völlig, vollkommen, vollständig；ganz und gar . . .

 まず 5.2.1.2.1. で出てきた sehr とここでの absolut を比べてみよう．

 (11a) Das ist *sehr* schwierig. （それはとても難しい．）

 (11b) Das ist *absolut* unmöglich. （それは全く不可能だ．）

それぞれ schwierig, unmöglich を「強めて」いると言ってもよいように思えるが，実際には強め方がすこし違う．(11a) の場合には sehr は単なる schwierig よりも程度が高いことを表現しているのに対して，(11b) では absolut は unmöglich の程度が高いことを表してはいない．「不可能である」ことはそれ以上「不可能」にはならないからである．(11b) と同じような例に次のようなものがある．

 (12a) Er ist *völlig/vollkommen/total* blind. （彼はまったく目が見えない．）

 (12b) Es ist mir *völlig* egal. （私はまったくどうでもかまいません．）

 (12c) Er ist *ganz* tot. （彼は完全に息絶えている．）

5.2. 命題内機能

(12d) Ich würde ihm gegenüber nicht *restlos* offen sein. （私は彼に対して完全には心を許さないだろう．）

ここに使われている形容詞はいずれもふつう比較変化をしない形容詞であるが，それは程度が高いとか低いとかが問題にならない状態を表しているからである．つまり，その状態であるかないかという二者択一を表すものである．このような形容詞に作用する程度副詞は程度が高いことを表すのではなく，形容詞の表す状態に完全に達していること，形容詞の表す状態そのものであることを表している．話し手は，その状態に達しているのかどうかが疑われる要因があると考え，補正する必要がないことを表そうとしているのである．

ただし，restlos, total, völlig, vollkommen などは，程度が問題にならない形容詞のみを修飾するというわけではない．次のような例がある．

(13a) Er bekam die Grünsucht, eine *völlig* neue Krankheit. (Kästner: Mann)（彼は緑疸というまったく新しい病気になってしまった．）

(13b) Eisenring im besonderen ist *vollkommen* klar. (Frisch: Brandstifter)（特に Eisenring は頭がまったくはっきりしている．）

(13c) Wir waren nicht *restlos* glücklich. （私たちは完全に幸福というわけではなかった．）

ここでは neu, klar, glücklich など程度に段階があり得る形容詞に作用している．このような場合でも形容詞の表す状態の程度が高いことを表すのではなく，形容詞の表す状態に完全に達していることを表すと考えられる．つまり，neu であるかどうか，klar であるかどうか，glücklich であるかどうかが問題となっているのである．

これら程度副詞とは逆に sehr などは，程度の高い低いを表さない形容詞を修飾することはできない．

(14) *Er ist *sehr/überaus/äußerst* blind.

このグループに属する語はその性質上，基本的には比較級や最上級を修飾できないはずだが，absolut には次のように原級の他，比較級や最上級を修飾する例がある．

(15a)（原級） Das ist *absolut* unmöglich. （それは全く不可能だ．）

(15b)（比較級） Die Lebensbedingungen sind in Europa *absolut* besser als in vielen Ländern Afrikas. (生活条件はヨーロッパはアフリカの多くの国よりも完全に上である.)

(15c) (最上級) Der Student hat *absolut* am besten abgeschnitten. (その学生は完全に一番の成績を修めた.)

このような場合も absolut は「それが修飾する形容詞または副詞の比較級や最上級が表す状態に完全に達していることを表す」と考えられる. 言い換えるならば, absolut は現実の事態が比較級や最上級を用いるのに完全に適合していることを表現しているのである.

程度副詞の中には durchaus, gar, überhaupt, ganz und gar のように否定に作用するものもある. これらはその否定の状態に完全に達していることを表現している.

(16a) Sie ist *gar* nicht nervös. (彼女はぜんぜんいらいらしていない.)

(16b) Das interessiert mich *überhaupt* nicht. (私はそれにまったく興味がない.)

(16c) Sie war *ganz und gar* nicht mein Typ. (彼女はまったく私のタイプではなかった.)

5.2.1.2.4. その状態に完全に達してはいないことを表すもの

beinahe, fast, nahezu ...

(17a) Er war *fast* nackt. (彼はほとんど真っ裸だった.)

(17b) Dann wären Frühjahrswahlen *nahezu* unmöglich gewesen. (もしそうなら春の選挙はほとんど不可能であったろう.)

これらは 5.2.1.2.3. とは逆にその形容詞, 副詞が表す状態に完全には達してはいないことを表す. これは本来, 形容詞や副詞の意味を補正する必要があるということだけを表しているのだと考えられる. しかし, 上の nackt や unmöglich はその状態か否かの二者択一を表すものであるから, 補正する必要があるということはその状態には達していないということを表すことになる.

次の例の groß 自体は二者択一を表さないが, so groß wie という形になっているので,「同じ背の高さかどうか」という二者択一的状況を表すことになる.

(17c) Er ist *beinahe* so groß wie ich. (彼はほとんど私と変わらないく

らいの背の高さだ．）

特別なものとして kaum, schwerlich がある．これらはその形容詞や副詞が否定の状態に完全には達していないことを表す．

 (18a) Das ist *kaum* möglich.（それはほとんど不可能だ．）
 (18b) Nach einer kurzen Sitzungsunterbrechung setzte der Ministerrat um 17.00 Uhr seine Erörterungen über diesen für die Fünf *schwerlich* annehmbaren Kompromißvorschlag fort.(MK)
   （会議の小休止の後，閣僚理事会は17時に5カ国にはほとんど受け入れがたいこの妥協案についての議論を続けた．）

(18a)では möglich でない状態に完全には達していないことを表す．schwerlich は主として可能や推量を表す表現で用いられる．これらは話法詞と取り扱われることもあるが，本書では〈程度副詞＋否定詞〉と考える．（→5.3.4.5.1.2.）

5.2.1.2.5.　前後を表すもの

etwa, schätzungsweise, ungefähr, vielleicht ; so ziemlich ...

これら副詞は，形容詞または副詞の表す程度がそのままあてはまるわけではないが，より高いとも低いとも言えないことを表す．

 (19a) Es wurde *ungefähr* so, wie ich mir ein Oberseminar für Soziologie bei einem langweiligen Professor vorstelle.(MK)
   （それはたいくつな教授の社会学の上級セミナーを思い浮かべたときとほぼ同じようになった．）
 (19b) Er ist *so ziemlich* in meinem Alter.（彼は私と同じくらいの年だ．）

これらは数詞または数詞を含む語群の前で用いられることも多い．

 (20a) *Etwa* um sechs Uhr ist er gekommen.（彼は6時頃ここへ来た．）
 (20b) *Ungefähr* in drei Tagen kommt er nach Berlin.（約3日後に彼はベルリンへ来る．）
 (20c) Er ist *vielleicht* 70 Jahre alt.（彼は70歳くらいだ．）
 (20d) Ich sehe den Sand-Horizont, weißlich in der grünen Nacht, *schätzungsweise* zwanzig Meilen von hier, ...(MK)（砂の地平線が見える．緑の夜に白っぽく．ここから20マイルほどであろうか．）

場所の副詞などの前で用いられることもある．
    (21)   Wir haben ihn *etwa*/*ungefähr* dort gesehen. （私たちはだいたいそのあたりで彼に会いました．）

これらは結果的に形容詞，副詞，数詞などが指し示す範囲を広げていることになる．

5.2.1.2.6.　程度を表す表現を指示するもの

具体的にどのような程度であるのかを表す要素が別にあって，それを指示しながら形容詞や副詞に作用する場合がある．その代表的な語が so である．
    (22a) Er ist *so* alt wie ich.　（彼は私と同じ年だ．）
    (22b) Sie war *so* müde, daß sie beim Lesen einschlief.　（彼女は本を読みながら眠り込んでしまうほど疲れていた．）
    (22c) Er aß *so* schnell, als ob er seit drei Tagen nichts gegessen hätte.　（彼は三日間何も口にしていないかのようにがつがつと食べた．）
    (22d) Ich bin nicht *so* dumm, das zu glauben.　（私はそれを信じるほどバカではない．）

(22a)では so は wie ich（これは本来は wie ich alt bin である）という程度を指示し，(22b)では daß 以下，(22c)では als ob 以下，(22d)では zu 不定詞が具体的に so の程度を表している．ただし，(22b)は so が程度の高いことを表して，「彼女はたいへん疲れていたので本を読みながら眠り込んでしまった」という意味にもなる．

具体的な程度を表すものがその文の中にはなく，先行する文章内または（言語化されない）状況にあるという場合もある．たとえば次のような文では相手が何かを言ったかもしれないし，話し手が時計を見たのかもしれない．
    (22e) Ist es schon *so* spät?　（もうそんなに遅いのか？）

so と同じような働きをする語に derart, dergestalt, dermaßen などがある．
    (23a) Ich war *derart* erschöpft, daß ich keinen Schritt mehr gehen konnte.　（私はもう一歩も歩けないほど疲れていた．）
    (23b) Ich war *dermaßen* überrascht, daß ich sprachlos war.　（私は口もきけないほど驚いていた．）

5.2. 命題内機能

　genug はある設定された基準に見合う程度かどうかを表現する．この基準は〈um＋zu 不定詞句〉や für〜で表されるが，暗黙の了解として表現されないこともある．

(24a) Er ist schon alt *genug*, um das zu verstehen. （彼はもうそれが理解できる充分な年齢だ．）

(24b) Es ist noch nicht warm *genug* für kurze Hosen. （半ズボンをはくほどにはまだ充分に暖かくない．）

(24c) Das ist schlimm *genug*. （それはひどいと言える．）

　zu は程度が高いことを表す程度副詞であるが，als daß 文や zu 不定詞句でその基準となる程度が示されることもある．これは「程度が高いことを表すもの」と「程度を表す表現を指示するもの」の両方の機能を兼ね備えたものと言える．

(25a) Sie ist *zu* müde, um weiterzuarbeiten. （彼女はさらに働くには疲れすぎている．）

(25b) Sie ist *zu* müde, als daß sie weiterarbeiten könnte. （彼女はさらに働くには疲れすぎている．）

so と同じように zu が程度の高いことを表し，als daß 文や zu 不定詞句がその結果を表すと考えることもできる．そうすると「彼女はあまりに疲れすぎていて，さらに働くことはできない」という意味になる．

5.2.1.2.7. 注意を要する程度副詞 ganz

　程度副詞の中で ganz は注意を要する．ganz は形容詞や副詞が表す状態に完全に達していることを表す場合と，形容詞や副詞の程度がより低いことを表す場合がある．

(26a) Das Zimmer war *ganz* leer. （その部屋はまったくからっぽだった．）

(26b) Der Film war *ganz* interessant. （その映画はまずまずおもしろかった．）

(26a)の場合には ganz は leer の状態に完全に達していることを表しているが，(26b)のような場合にはむしろ ganz がない方が「おもしろかった」ことになるので，ganz は interessant の程度がより低いことを表していることになる．

副　詞

　ganz は比較変化しない形容詞や副詞 (blind, nackt, tot など)，あるいは最高状態を表す形容詞や副詞 (ausgezeichnet, bitterböse, eiskalt, hervorragend など) に作用しているときにはそれらの表す状態に完全に達していることを表す．

　　(27a)　Er ist *ganz* nackt.　（彼は真っ裸だ．）
　　(27b)　Sie singt *ganz* ausgezeichnet.　（彼女の歌い方はまったくすばらしい．）

　また，ふつう「ポジティブな意味」を表すと考えられている形容詞や副詞 (amüsant, brauchbar, einleuchtend, freundlich, geschickt, gut, intelligent, interessant, klug, lieb, nett, ordentlich, passend, positiv, schlau, tüchtig, unterhaltsam, verständlich, zufrieden, zuvorkommend など) を修飾するときには程度がより低いことを表す．

　　(28a)　Ich bin *ganz* zufrieden.　（ぼくはまあ満足している．）
　　(28b)　Er hat *ganz* ordentlich gearbeitet.　（彼はかなりきちっと仕事をした．）

これらも本来はその状態に達していることを表しているのだろうと思われるが，形容詞や副詞が「ポジティブな意味」を表し，ganz であえてその状態に達していることのみを表現すると「（なんとか）その状態であると言える」というような意味になり，結果的に「ひかえめな意味」を表すのだと考えられる．ただ，なぜ ganz だけがこのようなことになるのかはまだ説明されていない．

　なお，Pusch (1981：33, 37) によると，ganz のこの二つの意味はアクセントとも関連している．ganz が形容詞，副詞の表す状態に完全に達していることを表す場合には ganz にアクセントがあることもあるし，ないこともあるが，程度がより低いことを表す場合にはアクセントがない．

　　(29a)　Das Konzert war *gánz* toll. / Das Konzert war *ganz* tóll.
　　　　　（そのコンサートはまったくすばらしかった．）
　　(29b)　Der Film war *ganz* interessánt.
　　　　　（その映画はまあまあおもしろかった．）

　ganz の用法をまとめると次のようになる．
比較変化しない形容詞や副詞，最高状態を表す形容詞や副詞に作用しているとき：

その状態に完全に達していることを表す
　　　アクセントがある場合とない場合がある
「ポジティブな意味」を表す形容詞や副詞に作用しているとき：
　　　程度がより低いことを表す
　　　アクセントは形容詞または副詞にある

5.2.2. 状況を表現する機能
　　　（空間副詞・時間副詞・様態副詞・因果副詞）

　一般に「副詞」として思い浮かべられるのは，空間・時間・様態・因果などを表す副詞である．これらはまさに動詞に作用することにより，その動作の行われる空間や時間，あるいは動作の様態や因果関係などを表すのがその働きである．

　ただし，このうち空間，時間というのはその文が表す事柄の起こる場所や時点というようにも考えられる．たとえば「きょう長野でオリンピックの開会式が行われた」という文で，「きょう」「長野で」というのは文法的には「行われた」にかかるものではあるが，内容的には「オリンピックの開会式が行われた」という事柄の時点と場所を表している．つまり，これらは意味の上では動詞だけではなく，文全体に関係していると言えるのである（→ 5.2.2.2.3.）．

　このように空間・時間・様態・因果などを表す副詞は動詞が表す動作・状態などの意味を補足したり，文が表す事柄の空間的，時間的位置づけを行ったりする．これらの機能をまとめて「状況を表現する機能」と呼ぶことにする．

　これら副詞の数は多いのでここでそのすべてを列挙するわけにはいかないが，次のようなものがある．なお，これらは純粋に意味上の分類である．語によっては空間的な意味でも時間的な意味でも用いられるものがある．

空間副詞：
(場所)　anderswo, außen, da, dort, draußen, drinnen, hier, irgendwo, mitten, nirgends, nirgend[s]wo, oben, überall, unten, wo, woanders ...

(方向)　daher, dahin, dorther, dorthin, her, hin, nirgend[s]her, nirgend[s]hin, nirgend[s]wohin, woher, wohin ...

時間副詞：abend[s], einmal, gestern, gleich, heute, immer, jetzt, lange, manchmal, morgen[s], nacht[s], nie, niemals, oft, selten, sonst ...
様態副詞：allmählich, anders, gern, rundheraus, sehr, unversehens, zusammen ...
因果副詞：also, daher, dann, deshalb, folglich, so, sonst ...

　品詞分類上形容詞とされるものが，空間，時間，様態を表す副詞として用いられることも多い．

　　(1a)　Er wohnt nicht *weit* von uns.　(彼は私たちから遠くないところに住んでいる；空間副詞)
　　(1b)　Er steht immer *früh* auf.　(彼はいつも早く起きる；時間副詞)
　　(1c)　Er läuft *schnell*.　(彼は速く走る；様態副詞)

もともと形容詞であっても頻繁に副詞として用いられるようになると，辞典でも副詞として別に記述されるようになる．ただし，辞典によって扱いが異なる場合もある．

5.2.2.1.　空間・時間・様態副詞の比較変化

　一般に副詞は不変化であるが，空間・時間・様態副詞の中には比較変化をするものがある．規則変化では，比較級で -er，最上級で -st をつけるが，不規則変化ではまったく別の形になるものも多い．また，二通りの変化形を持つものもある．形容詞のように格変化語尾を持つことはないが，最上級はふつう am ...en の形で用いられる（ここでは副詞としてしか用いられないもののみをあげ，副詞的用法の形容詞の変化は省いてある）．

原級	比較級	最上級
bald	bälder	am bäldesten
	eher	am ehesten
gern	lieber	am liebsten
lange	länger	am längsten
oft	öfter	am öftesten
sehr	mehr	am meisten
viel	mehr	am meisten
wenig	weniger	am wenigsten
	minder	

5.2. 命題内機能

| | besser | am besten |
| wohl | wohler | am wohlsten |

gern で比較級，最上級の典型的な使い方の例を示す．

(2a) Ich trinke *gern* Wein. （私はワインを飲むのが好きだ．）

(2b) Ich trinke *lieber* Wein als Bier. （私はビールよりもワインを飲む方が好きだ．）

(2c) Ich trinke *am liebsten* Wein. （私はワインを飲むのが一番好きだ．）

bald の比較級，最上級は eher, am ehesten がふつうである．oft は最上級として am häufigsten を使うことがある．minder は現在では書きことばで，〈nicht minder＋形容詞〉の形で用いられることが多い．am mindesten は現在ではほとんど使われることはない．

(3) Er ist *nicht minder* begabt als sein Bruder. （彼は兄と同様の才能がある←兄よりも才能が劣るということではない．）

wohl は肉体的，精神的に状態がよい場合に，wohler, am wohlsten を用い，その他の場合には，besser, am besten を用いる．ただし，besser, am besten は形容詞 gut の比較級，最上級でもあり，形の上でも意味の上でも区別しにくいことも多い．

(4a) Heute fühle ich mich *wohler* als gestern. （今日私は昨日よりも気分がよい．）

(4b) Dieser Unbekannte würde mich wahrscheinlich *besser* verstehen. （おそらくこの見知らぬ男の方が私をより理解してくれるだろう．）

なお，5.2.1.では程度副詞として使われた sehr を見たが，sehr は様態副詞としても用いられ，その比較級，最上級が mehr, am meisten である．

(5a) Er hat sich *sehr* gefreut. （彼はとても喜んだ．）

(5b) Er hat sich *mehr* gefreut als du. （彼は君よりも喜んだ．）

(5c) Er hat sich *am meisten* gefreut. （彼はもっとも喜んだ．）

比較級，最上級を持たないものは，weiter, mehr の助けを借りて比較級のような意味を表したり，am weitesten, am meisten の助けを借りて最上級のような意味を表したりすることがある．

(6a) Das Buch steht *weiter/am weitesten* <u>links</u>. （その本はもっと/一

番左にある．）

- (6b) Der Rucksack liegt *weiter* oben.（リュックサックはもっと上にある．）
- (6c) Jetzt geht der Weg *mehr/am meisten* bergab.（今や道はもっと/最も急な下り坂になった．）
- (6d) Er marschiert *am weitesten* vorn.（彼は一番先頭に立って行進している．）

(註) 形容詞の最上級，または〈形容詞の最上級＋-ens〉の形で副詞となり，それ自体特有の意味を持つようになったものがある．
äußerst（きわめて），baldigst（できるだけ早く），gefälligst（命令文で：お願いだから），höchst（きわめて），längst（とっくに），meist（たいてい），möglichst（できるだけ），tunlichst（できれば），unlängst（つい最近）...
bestens（非常によく），längstens（長くても），meistens（たいてい），wenigstens（少なくとも）...
書きことばでは最上級として aufs...ste という形が見られることもある．
aufs beste, aufs schönste, aufs stärkste ...
なお，aufs äußerste は außer の最上級というより，「きわめて」という意味の熟語となっている．
Er war *aufs äußerste* gespannt.（彼はきわめて緊張していた．）

5.2.2.2. 空間・時間・様態・因果副詞の機能

ここでは空間・時間・様態・因果副詞が一般的に文の中でどのような働きをするかを見ておく．ふつうこれらは動詞に作用するものと考えられているが，場合によっては名詞に作用する場合もある．文法的に動詞に作用する場合でも，内容的にその文が表す事柄全体に関係していると考えられる例も多い．

5.2.2.2.1. 動詞に作用する場合

動詞に作用する場合には，それが文法的に必要かどうかで，「補足成分」(Ergänzung) と「添加成分」(Angabe) に分けられる．補足成分は文法的に必要不可欠な成分で，それを削除すると文は文法的ではなくなる．それに対

して，添加成分は必ずしも文法的には必要でない成分で，それを削除すると当然文の意味は変わるが文は成立する．

5.2.2.2.1.1. 動詞の補足成分

　動詞または動詞の用法によって，空間副詞（場所または方向），様態副詞は補足成分となることがある．時間副詞や因果副詞はふつうは添加成分だが，時間副詞はいくつかの動詞では補足成分になることもある．

(7a)　Herr Schmidt wohnt *hier*. （空間副詞（場所）；Schmidt さんはここに住んでいる．）

(7b)　Ich möchte wieder *dorthin* fahren. （空間副詞（方向）；私はもう一度そこへ行きたい．）

(7c)　Die Sitzung dauerte *lange*. （時間副詞；会議は長く続いた．）

(7d)　Die Sache verhält sich *anders*. （様態副詞；事情は異なっている．）

これらの文では斜体の副詞を省くと文法的に正しくない文（内容的にも意味のない文）になってしまう．

5.2.2.2.1.2. 動詞の添加成分

　これを削除しても文自体は成り立つ．一般に時間副詞や因果副詞は添加成分になることが多い．

(8a)　Sie haben sich *dort* getroffen. （空間副詞；彼らはそこで会った．）

(8b)　Sie ist *gestern* abgereist. （時間副詞；彼女は昨日旅立った．）

(8c)　Es wurde *allmählich* dunkel. （様態副詞；徐々に暗くなった．）

(8d)　*Meinetwegen* brauchen Sie nicht auf den Ausflug zu verzichten. （因果副詞；私のためにあなた方はハイキングを中止することはありません．）

　副詞が補足成分か添加成分かということは文法的なことである．つまり，その副詞がないと文法的に正しい文かどうかということを意味している．しかし，このことは純粋に形の上の問題というわけではない．内容的に動詞だけの意味では不十分な場合，動詞は補足成分を要求すると考えられる．補足成分となった副詞は動詞の内容を補うことになり，密接に動詞と関係していると考えられる．意味上は動詞の一部のようになっている場合もある．分離

動詞のいくつかはこの例である．たとえば，hinlegen は方向を表す副詞 hin が動詞の前綴りになったものである．これに対して添加成分は文の成立にとって必ずしも必要ではないものである．動詞は添加成分なしで十分な意味を持ち，添加成分は動詞に密接に関与してはいないと考えられる．空間・時間・様態・因果副詞のうちで空間，様態副詞を補足成分にとる動詞は多いが，時間副詞を補足成分とする動詞は限られている (ausdehnen, dauern, währen など)．ふつう因果副詞を補足成分にする動詞はないとされる．

5.2.2.2.2. 名詞に作用する場合

副詞が名詞の後ろに置かれてその名詞に作用する場合がある．空間副詞が多いが，時間副詞も用いられることがある．

  das Kind *hier* (ここにいる子供)
  der Weg *dorhin* (そこへ行く道)
  der Unfall *gestern* (昨日の事故)

(註) 空間・時間副詞は名詞の代わりに前置詞と結びつくことがある．
  von *gestern* (きのうから)，in der Nähe von *hier* （ここの近くに)
  また，前置詞と共に用いられ，前置詞句全体に作用することもある．
  von jetzt *an* (今から)，gegen Abend *hin* (夕方近くに)，über den Zaun *hinweg*(垣根越しに)，um den Platz *herum* (その広場をぐるりと取り囲んで)

5.2.2.2.3. 時間・空間・様態・因果副詞と文の構造

時間・空間・様態・因果副詞はふつうは動詞に作用していると考えられている．しかし，内容的に考えてみると，特に空間・時間・因果副詞は動詞の内容，つまり動詞の表す動作に関することを述べているというよりは，文全体が表す事柄に関係していると考えた方が適切な場合もある．

 (9a) Michael schläft *gut*. （Michael はぐっすり眠っている.）
 (9b) Michael schläft *hier* gut. （Michael はここではよく眠れる.）
 (9c) *Gestern* hat Michael hier gut geschlafen. （きのう Michael はここでよく眠った.）
 (9d) *Meinetwegen* hat Michael hier geschlafen. （私のために Michael

5.2. 命題内機能

はここで眠った．)

　(9a)では，gut は schlafen の様態を詳しく述べたものであると考えられる．(9b)の hier は schlafen という動詞が表す行為の場所を表したものだと言うこともできるが，むしろ Michael schläft gut という事柄が起こる場所を表したものだと言う方が適切だろう．(9c)の gestern も schlafen の時点を表したと言うよりは，Michael hat hier gut geschlafen という事柄が起こった時点を表していると考えた方が自然である．(9d)の meinetwegen も Michael hat hier geschlafen という事柄の理由を表すと考えるべきであろう．

　事柄は文全体で表現される．よって，副詞がその事柄に関したことを述べるということは，意味上は副詞が文全体に関係しているということになる．(もちろん，より厳密に言うと「文全体」ではなく，その副詞を除いた文の残り部分に関係することになる．)ある事柄を述べようとするときに，まずその事柄がいつ起こったのかという「枠組み」を示すというのはドイツ語でも日本語でも自然である．このような場合，(9c)のように時間副詞は好んで文頭に置かれる．また，同じような意味で(9b')のように場所を表す空間副詞も文頭に来ることが多い．様態副詞はその意味からして事柄の枠組みにはなりにくいので強調等を除いて文頭に現れる頻度は少ない．

　(9b') *Hier* schläft Michael gut. （ここではミヒャエルはよく眠れる．)

　以上のことから副詞のある文の構造を考えてみると，空間・時間・様態・因果副詞は一様に動詞に関連しているのではなく，二つの異なった段階で文に関わっていることがわかる．つまり，ある事柄を記述しようとするとき，まず「いつ」(wann)「どこで」(wo) などの枠組みが設定される．この「いつ」「どこで」を表すために時間副詞，空間副詞が用いられる．場合によっては「なぜ」(warum) という理由が因果副詞によって示されることもある．そうした枠組みの中で「誰が」(wer) または「何が」(was) が「どうする」という事柄が記述される．この「どうする」の部分はその事柄によってさまざまで，場合によっては動詞だけで記述されるし，ある場合には様態副詞，空間副詞，時間副詞などが付加されて，動詞の意味を補足することもある．動詞の意味を補足するのによく用いられるのは様態副詞と空間副詞である．

これらのことを図示すると次のようになろう．

```
枠組み：いつ（時間副詞）
        どこで（空間副詞）
        なぜ（因果副詞）

  だれが（名詞）   どうする
                  動詞   様態・空間・時間副詞
```

以上見たように，空間・時間・様態・因果副詞には「動詞の意味を補足する機能」と「文全体の枠組みを設定する機能」の二つがあることになる．

5.2.2.2.4. 文の構造と副詞の語順

文において時間・空間・様態・因果副詞がどのような順序で置かれるかということは，その文が発話される状況や前後の文脈にもよるので一概には言えない．ただ，前節でも述べたようにその文の枠組みを成す副詞は文頭に置かれることが多いし，文中に置かれた場合でも前の方に置かれる傾向がある．

(10a) Treffen wir uns *heute am Abend* in der Stadt？（今晩は町で会うことにしないか．）

(10b) Werden Sie *dort* telefonisch geweckt？（そこでは電話で起こしてもらえるの？）

(10c) […] den Chef, der *sicherheitshalber* das Kästchen oft in seine Wohnung nach Haarlem mitnahm (MK)（念のためにその箱をしばしば Haarlem の自分の住居へ持って帰っていた上司）

(10a)では heute am Abend という時間を表す副詞的要素がこの文の枠組みを作っており，in der Stadt という場所を表す副詞的要素よりも前に置かれている．(10b)では dort という空間副詞が枠組みとなり，telefonisch という手段を表す副詞的要素よりも前に置かれている．同様に(10c)では sicherheitshalber という因果副詞が枠組みとなり，oft という時間副詞や in seine Wohnung という方向を表す副詞的要素よりも前に置かれている．何が枠組みとなるかは状況や文脈によるが，このように時間・場所・因果副詞は枠組みを作りやすい．

これに対して，動詞の意味を補足している副詞は動詞との結びつきが強いために文末に近いところに置かれる傾向がある．よって，様態副詞や方向を

5.2. 命題内機能

表す空間副詞はふつう文末に置かれる（過去分詞や不定詞がある場合にはその前，副文の場合には定動詞の前に置かれる）．場所を表す空間副詞も補足成分となっている場合には同様である．

- (11a) Bist du im Sommer *irgendwohin* gefahren？（君は夏にどこかへ行ったの？）
- (11b) Gehen Sie bei der nächsten Ampel *nach links*！（次の信号で左に曲がってください．）
- (11c) Ich würde dich gerne *zu einer Rhein-Fahrt* einladen．（私は君をラインの船旅に誘いたいんだけど．）
- (11d) Sie trägt jetzt das Haar *kurz*．（彼女は髪の毛を短くしている．）
- (11e) Warst du heute mit Birgit *im Kino*？（君は今日 Birgit と映画に行ったの？）

(11a)では irgendwohin という方向を表す副詞は fahren の補足成分であるから im Sommer という時間を表す副詞的要素よりも後に置かれている．(11b)の nach links も gehen の補足成分であるから bei der nächsten Ampel という場所を表す副詞的要素よりも後に置かれている．(11c)の zu einer Rhein-Fahrt は einladen の補足成分ではないが，gern という様態副詞よりも後に置かれている．このように方向を表す副詞的要素は一般になるべく後の方に置かれる．また，(11d)の kurz は様態を表す副詞的要素として tragen の補足成分であり，(11e)の im Kino という場所を表す副詞的要素も sein の補足成分であるため，他の副詞的要素より後に置かれている．

このように副詞の語順は副詞の種類というよりは文の構造との関係でとらえていかなければならない．

5.2.2.3. 主な空間・時間・様態・因果副詞

5.2.2.3.1. 空間副詞

ここでは比較的よく使われる空間副詞の例を挙げる．空間副詞は二つ以上の語がそれぞれ対立関係にあることが多い．

5.2.2.3.1.1. 場所を表す副詞

場合によっては「〜で」と訳さなければならない場合もあるが，ここでは

「〜に」という訳語のみを挙げる．反義語など関連性のあるものをなるべく並べて示す．

　　hier - dort - da（→ 5.2.2.3.1.1.1.）
　　oben - unten（上に―下に）
　　links - rechts（左に―右に）
　　vorn[e] - hinten（前に―後ろに）
　　außen - innen（外側に―内側に）
　　draußen - drinnen（外に―内に）
　　diesseits - jenseits（こちら側に―向こう側に）
　　mitten（真ん中に）
　　wo（どこに）
　　nirgend[s]wo, nirgends（どこにも〜ない）
　　anderswo, woanders（どこか他のところに）
　　irgendwo（どこかに）
　　überall, allenthalben, allseits（いたるところに）
　　rings（まわりに）, ringsum, ringsherum（周りをぐるりと）
　　umher（周りに）
　　abseits（離れて）
　　drüben（向こうに）
　　nebenan（隣に）

その他に，〈da[r]＋前置詞〉の daran, darauf, darin, danach, dazwischen などがある．これらにおいてはすでに話題となっている場所を da で示し，それが前置詞と結びついている（→ 5.2.3.3.1.）．また wo[r]- という疑問詞と前置詞と結びついた woran, worauf, worin, wonach などもある（→ 5.2.4.）．

5.2.2.3.1.1.1.　hier, dort, da

　場所を表す基本的な副詞に hier, dort, da がある．ふつう hier は「ここに/で」と訳され，dort は「あそこに/で，そこに/で」などと訳される．一言で言うなら，hier は話し手に近いところ，dort は話し手から離れたところを指すということになるが，話し手に近いところ，遠いところというのは絶対的なものではない．たとえば hier と言って手許の紙の上の一点を指す場合もあるし，*hier* in Japan（ここ日本では）というように日本全体を指す場合もあ

る．また，空間的というより時間的なことが問題になっていることもある（例：*hier* während der Sitzung　会議のこの場で）．

　また，日本語では「こ・そ・あ・ど」が明確な体系を作っており，これらを用いて「これ・それ・あれ・どれ」「この・その・あの・どの」「ここ・そこ・あそこ・どこ」「こっち・そっち・あっち・どっち」のような語が作られるということはよく指摘される．このうち「ど」は疑問を表すものであるから，今はこれを別にしておくとして，場所を表す「ここ・そこ・あそこ」のうち，「ここ」が hier，「そこ・あそこ」が dort に対応するとすると，da にあたるものは何だろうか．

　基本的には hier と dort は話し手（小説などでは主人公など）のいる位置を基準にして，現実の近い場所と遠い場所を指し示す言い方である．これに対して，da には大きく分けて二通りの用法がある．それは hier や dort と同じように現実の場所を指し示す用法（場面指示用法）と，その前の文脈に出てきた場所を示す代名詞のような用法（文脈指示用法）である．

　　(12a) Was haben Sie denn *da*?（あなたはそこに何を持っているのですか．）

　　(12b) Warst du schon mal in dem Restaurant? *Da* ißt man sehr gut.（君はもうあのレストランに行ったかい？あそこはとてもおいしく食事ができるよ．）

　(12a) の da は相手のいる場所，つまり話し手からやや離れた場所を指しており，場面指示用法である．(12b) の da は前の文章に出てきた im Restaurant を指す文脈指示用法の da である．以下では da のこれら用法を詳しく見てみる．

5.2.2.3.1.1.1.1.　da の場面指示用法

　ここでは現実の場所を指し示す用法を見ることにする．

　　(13a) Wir haben es doch gefühlt, du und ich, *da* oben auf dem Schafberg, als wir uns zum erstenmal sahen, [...] (Simmel)（僕たちはそう感じていたんだよ．君と僕が Schafberg の上のあそこで初めて会ったときから．）

　この例では da は話し手からも聞き手からも離れている場所である．

　　(13b) *Da* waren Fabriken, Kirchen, *da* war das Häusermeer von

Wien. Ich konnte den Stephansdom und das Riesenrad im Prater erkennen. (Simmel) (そこには工場や教会，ウィーンの家並みがあった．私はシュテファン大聖堂とプラーターの大輪（観覧車）を見つけることができた．)

この例では聞き手は問題になっていない．da はとにかく話し手から見える場所であることはわかる．da は話し手から離れた場所ばかりを指すのではない．次の例では話し手が今いる場所を指している．

 (13c) Ich bin gleich wieder *da*. （私はすぐにまた戻ってきます．）

 (13d) Herr Hertz ist momentan leider nicht *da*. Kann ich vielleicht etwas ausrichten? （申し訳ありませんが，Hertz さんは今おりません．何かご伝言でもございましょうか．）

このように場面指示用法の da の指す場所というのは話し手または聞き手から近い，遠いということで決まっているものではない．(13)で挙げた例では da は話し手が指で指そうと思えば指し示すことのできる場所を示している．実際に指し示さなくてもその時話し手が見ている場所，場合によっては思い浮かべている場所は da で表すことができる．

5.2.2.3.1.1.1.2. da の文脈指示用法

ここでは，da がその前の文脈に出てきた場所を示す用法について見てみることにする．

 (14a) Na ja, und sie wohnen alle in einem Hotel am Meer, das dort ‚Öresund' heißt. Und auch *da* gibt's einen berühmten Rummelplatz. (Kästner：Mann) （それはともかく，彼らはみんな海に面したあるホテルに泊まっているんだ．そこでは Öresund と呼ばれているホテルでね．そしてそこにも有名な遊園地があるんだ．）

 (14b) Er muß doch irgendwohin. Vielleicht will er nach Hause. Aber *da* kann er ja auch nicht hin. Wenn ihn *da* die Nachbarn sehen. (Simmel) （彼はでもどこかへ行かなければならない．ひょっとしたら家へ帰ろうと思うかもしれない．でも家にも帰れないはずだ．もし家にいるところを隣人に見られたら．）

(14a)では da はそのホテルのある場所を指しているし，(14b)の二つの da では家を指している（ただし，最初の da は hin と共に方向を表す）．

5.2. 命題内機能

　実は da が指すのは場所だけではない．その前の文脈に出てきた時間や原因・理由・条件などを指す場合もある．(15a)では 3 年前という特定の時点を指している．(15b)では「Höhen 通りへ行くのならば」というような先行する文脈の内容を含んだ条件を表している．これらは，時間副詞，因果副詞となる．

> (15a) [...] jetzt wird es bald drei Jahre her sein, *da* war ja mein Freund bei uns zu Besuch. (Kafka) （もう間もなく 3 年になる．そのとき私の友達が訪ねてきたんだね．）
>
> (15b) »Ich möchte zur Höhenstraße.«»Eiweh«, sagte der junge Mann und lachte. »*Da* haben Sie sich aber ganz schön verfahren! Wie sind Sie denn hier heraufgekommen?« (Simmel) （「Höhen 通りに行きたいんだが．」「おやおや」と若い男は言って，笑った．「それならまったくの見当違いですね．どうやってこんなところまで上ってきたんですか．」）

5.2.2.3.1.1.1.3. 特定の場所等を指さない da

　da の中には現実の場所も表さないが，その前の文脈を見ても特に場所を表す語が見あたらないという場合もある．

> (16a) »Ich bin auch ein Idiotenweib, daß ich ausgerechnet jetzt davon anfange. Verzeih mir!«*Da* gib's nichts zu verzeihen. Ich habe doch auch Angst.«(Simmel) （「私って本当に馬鹿な女だわ．よりにもよって今こんなことを言い出すなんて．ごめんなさい．」「謝ることなんてないよ．僕だって不安なんだ．」）
>
> (16b) Ich will es dir sagen, wenn der rechte Augenblick *da* ist. (Ende：Geschichte) （もしその時が来たら私はあなたにそれを言うわ．）
>
> (16c) Ist Klaus *da*? （Klaus はいますか？）

　これら da は，話し手や聞き手，または両者に関係する空間を指すとでも言うしかないだろう．(16a)では da は文頭に置かれ，相手の発話を受けて自分が発話を始めるというサインのような働きをしている．いわば，話し手と聞き手が世界を共有していることが表現される．Der Frühling ist *da*. (春が来た．)のような場合には da は hier と考えられるが，(16b)では未来のことであ

るから，da は発話時点での hier と同一の場所とは限らない．(16c)の da は場面によって hier であったり，dort であったりする．sein と共にその人物がある特定の場所に存在することを表す．

5.2.2.3.1.1.2. 場所を尋ねる疑問副詞
　場所を尋ねる場合には疑問副詞 wo（どこに・どこで）を用いる．このほかに was と前置詞が結びついた次のような場所を表す疑問副詞がある（→ 5.2.4.）．
　　wobei, wohinter, woneben, woran, worauf, worin, worüber, worum, worunter, wovor, wozwischen

5.2.2.3.1.1.3. 場所を表す関係副詞
　関係副詞文全体としては場所を表す名詞を修飾するので形容詞の付加語的用法と同じ働きをするが，関係副詞自体は関係副詞文の中で空間副詞と同じ機能を果たしている（→ 9.3.2.）．
　　(17a) Das ist die Stadt, *wo* ich geboren bin. （これが私が生まれた町です．）
(17a)の wo は in der という〈前置詞＋関係代名詞〉に書き換えることができることからも空間副詞と同じ働きだとわかる．次のように先行詞をとらない文（→ 9.3.3.）もある．
　　(17b) Er stand noch immer, *wo* sie ihn verlassen hatte. （彼は彼女に置き去りにされた場所になおも立ちつくしていた．）

5.2.2.3.1.2. 方向を表す副詞
　方向を表す空間副詞として次のようなものがある．
　hin - her（→ 5.2.2.3.1.2.1.）
　beiseite（わきへ），fort（去って），geradeaus（まっすぐに），herum（回って），ringsherum（周りを），weg（いなくなって）…
このうち，hin, her は他の副詞と結びつき，それ自体で新たに方向を表す副詞となる．
　hinab, hinauf, hinaus, hindurch, hinein, hinüber, hinunter
　herab, heran, herauf, heraus, herbei, herein, herüber, herunter, hervor

hierhin, dahin, dorthin, irgendwohin, überallhin, wohin
hierher, daher, dorther, irgendwoher, überallher, woher
その他，〈da［r］＋前置詞〉の daran, darauf, daraus, darein, davon など
や，-wärts で終わる abwärts, aufwärts, heimwärts, rückwärts, vorwärts
などがある．

5.2.2.3.1.2.1. hin, her

基本的には hin はその文脈における視点から離れる方向を，her は文脈における視点へ向かう方向を表す．「その文脈における視点」とは日常では話し手の立っている場所であることも多いが，小説におけるようにその場の登場人物であることもある．次の例では主人公がいる場所へ来ることを hierher としている．

(18)　*Hierher* kam nur äußerst selten jemand ― das wußte er ziemlich sicher ―，(Ende：Geschichte)　（ここには誰かがやってくるようなことはまずほとんどありえなかった．それを彼はかなり確信していた．）

原則的にはこれらを用いた合成語でもその意味を保っているが，ただし，ab, aus, unter などと結合した場合には，hin, her の意味は薄れることもある．

hinaus - heraus（外へ），hinab - herab（下へ），hinunter - herunter（下へ）
口語では，hinaus - heraus, hinüber - herüber, hinunter - herunter はそれぞれ raus, rüber, runter となることがあり，その場合 hin と her の対立がなくなる．

(19a)　Ich warf es *raus* in den Garten.　（私はそれを庭に投げ出した．）
(19b)　Sie konnten aus dem Schuppen wieder *raus*.　（彼らは小屋からまた出てくることができた．）

5.2.2.3.1.2.2. 方向を尋ねる疑問副詞

方向を尋ねる疑問副詞として，wohin（どこへ），woher（どこから）がある．このほかに was と前置詞が結びついた次のような方向を尋ねる疑問副詞がある（→ 5.2.4.）．

wodurch, wogegen, wohinter, wonach, woneben, woran, worauf,

woraus, worein, worüber, worunter, wovon, wovor, wowider, wozu, wozwischen

古い形に von wannen（どこから）というものもある．

5.2.2.3.1.2.3. 方向を表す関係副詞

方向を表す場合は wohin，出発点を表す場合には woher が用いられる（→ 9.3.2.）．

 (20a) Sie ist dorthin gefahren, *wohin* er auch fahren wollte.（彼女は彼も行きたいと思っていたところへ行った．）

 (20b) Ich gehe dahin, *woher* du gerade kommst.（私は君が今さっきまでいた場所へ行く．）

古い形に von wannen というものもある．

5.2.2.3.2. 時間副詞

現実の社会では時点と時間が区別される．言語上でも明示的に um 2 Uhr 13 のように時点を表したり，zwei Stunden のように時間を表したりすることもできる．しかし，常にこれを明確に区別しているとは限らない．たとえば heute が *Heute* bleibe ich zu Hause.（きょうは私は家にいる）のような文に用いられた場合にはある一定の幅を持つ時間が表現されているが，Ich habe ihn *heute* getroffen.（私はきょう彼に会った）のような文では，heute は gestern（きのう）や morgen（あした）との対立で用いられており，一つの時点としてとらえられている．また，一瞬を表すように思われる jetzt（今）にしても実際に一瞬である場合もあるし，*Jetzt* wohne ich in Tokyo.（今私は東京に住んでいる．）のようにある程度の幅を持っている場合もある．このように同じ副詞が場合によって時点を表したり，時間を表したりするのである．

 ドイツ語の場合，その文で表される事柄が一瞬か，それともある程度の時間を持つかは副詞よりも，その文の動詞や文法形式（完了形など）が主に表現する．このように副詞を時点と時間で区別することは困難であり，ここでは時点と時間を表すもの両方を合わせて「時間を表す副詞」とする．時間の幅がほとんど感じられない場合に時点を表していると考えることができる．

 時間副詞にはこの他に「回数・頻度・反復を表す副詞」や「順序を表す副

詞」もある．また，否定を含むものは，本来は他の時間副詞にも含まれるが，「時間を表す否定副詞」で別個に扱う．同様に「疑問副詞」「関係副詞」も別に取り扱う．

5.2.2.3.2.1. 時間を表す副詞

現実世界の時間は始まりも終わりもない永遠の流れである．ある時点やある時間を表現しようとすると永遠の流れの中から特定の時点や時間を切り出してこなければならない．そのためにはまずどこかに切り出し口となる基準点を設けなければならない．最もわかりやすいのは「現在」，つまり「発話時」である．発話時を基準点として，同時，以前，以降などで時点，時間が規定できる．場合によっては話の中に出てきた別の時点を基準点として「その時に（同時）」「その前に（以前）」「その後に（以降）」で規定されることもある．これらは基準点から見て「相対的な時間を表す副詞」である．

時間副詞の中にはそれ自体は特定の基準点を持たないものもある．その場合，「いつも」のように時間に制限がないことを表す場合と「1998年」のように絶対的な時間を表す場合がある．これらは「非相対的な時間を表す副詞」とする．

5.2.2.3.2.1.1. 相対的な時間を表す副詞

ある基準時を基に時間を表現するとき，ある定まった時間幅がある場合もあり，時間幅が始まりまたは終わりにおいてのみ定まっている場合もある．以下では，定まった時間幅があるもの，時間幅の始まりが定まっているもの，時間幅の終わりが定まっているものに分けて整理する．それぞれにおいてそのイメージを図示する．

5.2.2.3.2.1.1.1. 定まった時間幅がある副詞

○発話時を基準時とし，定まった時間幅を示す副詞
　発話時と同時かそれを含む：derzeit（目下），gerade（今ちょうど），heute（きょう），heutzutage（今日（こんにち）），jetzt（今），nun（今）…
　発話時よりも前：eben（ついさっき），ehedem（かつて），ehemals（かつて），gerade（ついさっき），gestern（きのう），kürzlich（先日），letztens

(最近), neulich (先日), seinerzeit (そのころ), unlängst (つい最近), vorgestern (おととい), vorhin (先ほど) ...
発話時よりも後：demnächst (近いうちに), morgen (あした), nächstens (近々), übermorgen (あさって) ...
発話時よりも前または後：dereinst (かつて・いつか), [ein]mal (むかし・いつか), einst (かつて・いつか), einstmals (かつて・いつか), irgendwann (いつか), jemals (かつて・そのうち) ...

○特定の時点を基準時とし，定まった時間幅を示す副詞
「特定の時点」というのは状況や文脈で決まってくるが，それが場合によっては発話時であることもある．
特定の時点またはそれを含む時点：da (その時), damals (当時), einstweilen (さしあたり), inzwischen (その間に), unterdessen (そうこうする間に), vorerst (当分の間), währenddessen (その間), zugleich (同時に), zunächst (さしあたり), zwischendurch (その間に) ...
特定の時点よりも後：bald (間もなく), dann (それから), darauf (それに続いて), gleich (すぐに), hernach (後で), hinterher (後で), nachher (後で), sofort (すぐに), sogleich (ただちに), später (後で) ...
特定の時点よりも前：vorher (それ以前に), zuvor (前もって) ...

5.2.2.3.2.1.1.2. 期間の始まりが基準時となる副詞

基準時

○発話時が基準時となる副詞
  fortan (今後), weiterhin (今後も引き続き) ...

(註) weiterhin の場合，発話時までの継続が前提になっていると考えられる．

○過去の特定の時点が基準時となる副詞
  seitdem (それ以来), seither (それ以来) ...

(註) これらの場合，実際には発話時までが視野にはいっている．たとえば，次の例では現在までは彼は電話をかけてこないが，発話時以降の彼の行為は問題とさ

5.2. 命題内機能

れていない．
　　Er hat mich *seitdem* nicht mehr angerufen. （彼はそれ以来もう私に電話をかけてこない．）

○特定の時点が基準時となる副詞
　　danach（その後），fortan（それ以後）…

5.2.2.3.2.1.1.3. 期間の終わりが基準時となる副詞

基準時

○発話時が基準時となる副詞
　　bisher（これまで），bislang（これまで）…

(註) この場合，事柄の終了が発話時ということではなく，指示する時間が発話時までということである．たとえば次の例では発話時で期限を区切って述べているだけで，発話時で彼の断る行為が終了したというわけではない．
　　Bisher hat er alle Angebote zurückgewiesen. （これまで彼はすべての申し出を断ってきた．）

○過去の特定の時点が基準時となる副詞
　　bisher（そのときまで），bislang（そのときまで）…
○特定の時点が基準時となる副詞
　　davor（その前に），längst（とっくに）…

5.2.2.3.2.1.2. 非相対的な時間を表す副詞

　基準時を含まない非相対的な時間を表す副詞については二通り考えられる．ひとつは時間が無制限であることを表す場合であり，もうひとつは絶対的な時間を表す場合である．

5.2.2.3.2.1.2.1. 時間が無制限であることを表す副詞

　「常に・いつも」という意味を表す副詞は動作を表す動詞と用いられると，「いつも彼は文句を言う」のようにその文全体としては反復を表す．しかし，

副詞自体は制限のない時間を表すものと考えられる．これはたとえば Sie ist *immer* freundlich zu mir.（彼女はいつも私に親切だ．）のような場合にはっきりわかる．

allezeit（常に），immer（常に），immerzu（常に），jederzeit（いつでも），lange（長く），stets（常に）…

5.2.2.3.2.1.2.2. 絶対的な時間を表す副詞
○一日のある時間帯を表す副詞
morgen[s]（朝に），früh（朝に），tags（昼に），vormittag[s]（午前中に），mittag[s]（正午に），nachmittag[s]（午後に），abend[s]（夕方に），nacht[s]（夜に）…

(註) morgen, früh, vormittag, mittag, nachmittag, abend, nacht は heute（きょう），gestern（きのう），morgen（あした），あるいは曜日などと共に用いられる（例：gestern morgen, Dienstag abend）．ただし，「明日の朝」は morgen morgen とはならずに morgen früh と言う．

なお，新正書法では früh を除いた他の語は名詞扱いとなり，語頭が大文字で書かれることになった（例：gestern Morgen）．また，曜日と共に用いられるときには Dienstagabend のように一語で書かれる．これらは文に用いられたときには4格の名詞と考えてそのまま副詞的に用いられることもあるし，am をつけて用いられることもある．

Sie kommt ［am］ Dienstagabend.（彼女は火曜日の夕方来る．）
ただし，morgens のように -s がついたものはこれまで同様副詞として小文字で書かれる．dienstagabends のように曜日がついた場合も同様である．

○曜日を表す副詞
montags（月曜日に），dienstags（火曜日に），mittwochs（水曜日に），donnerstags（木曜日に），freitags（金曜日に），samstags（土曜日に），sonnabends（土曜日に），sonntags（日曜日に）

○その他の副詞
zeitlebens（一生の間）…

(註) 実際の文ではこれらの副詞にもなんらかの基準時がある．たとえば，morgens と言ってもどの朝か，montags と言ってもどの月曜日かは確定できないが，状況，文脈等から判断される．zeitlebens についてもその時間は誰の一生かによっていつからいつまでが決まる．ただ，これらの副詞はそれ自体の中に基準時を示す要素が含まれていないということから，絶対的な時間を表す副詞とした．

5.2.2.3.2.2. 回数・頻度・反復を表す副詞
○回数を表す副詞
einmal（1回），zweimal（2回），achtmal（8回），hundertmal（百回），tausendmal（千回），mehrmals（何度も），dutzendmal（何度も）…

(註) 強調する場合には ein Mal, zwei Mal[e] のように書かれる場合もある．

○頻度を表す副詞
bisweilen(時たま)，immer(いつも)，jedesmal(毎回)，manchmal(時々)，meistens（たいてい），mitunter（時折），oft（しばしば），öfters（時々），selten（めったに〜ない），zeitweise（時々），zuweilen（時折）；ab und zu（時々）…

○反復を含意する副詞
これらは表現された文以前（または以降）に同じような事柄が生じた（生じる）ことを暗示している．
erneut（新たに），erstmals（初めて），wieder（再び）…

5.2.2.3.2.3. 順序を表す副詞
anfangs（はじめは），zuerst（最初に），zunächst（最初に），beizeiten（早めに）；endlich（最後に），letztmals（最後に），schließlich（最後に），zuletzt（最後に）…

5.2.2.3.2.4. 時間を表す否定副詞
時間を表す否定副詞はこれまで見てきたようなさまざま時間副詞に否定の要素が加わったものである．

時間を表す否定副詞として，nie, niemals（決して〜ない）があるが，基準

時の前後を含めての否定になる．nie mehr, nie wieder（二度と〜ない）という形にすると，基準時以前にできごと，行為があったことが前提とされ，その基準時以降が否定の対象になる．南ドイツなどで使われるものに nimmer, nimmermehr（二度と〜ない）があるが，これも nie mehr と同じである．

5.2.2.3.2.5. 時間を尋ねる疑問副詞

ふつう時点を尋ねる疑問副詞は wann（いつ）で，ある時間継続する動作の開始時は von wann（いつから），seit wann（[過去の時点の] いつから），終了時は bis wann（いつまで）で尋ねる．時間は wie lange（どのくらい長く）で尋ねる．「何時に」と時点を尋ねるときには um wieviel Uhr（新正書法では um wie viel Uhr）を用いる．また，頻度には wie oft（何回）が使われる．was と前置詞が結びついた〈wo[r]＋前置詞〉の中で時間を表すものとして wobei（何の際に），wonach（何の後に）などがある．

5.2.2.3.2.6. 時間を表す関係副詞

ふつう Tag などの時間を表す名詞を先行詞とし，副詞を先行詞とする関係副詞は次のような jetzt, wo... や nun, wo... のようなものを除いてあまり使われることはない（→ 9.3.2.）．

(21) Jetzt, *wo* ihr euch ausgesprochen habt, könnt ihr das Problem sicher lösen.（君たちが見解を表明した今，きっとその問題は解決できる．）

5.2.2.3.3. 様態副詞

様態副詞とされる副詞はさまざまで，伝統的には，程度副詞の sehr，話法詞の vielleicht，心態詞の doch なども様態副詞とされてきた．ここでは動詞が示す動作等の様態を表す副詞を様態副詞と呼ぶことにする．多くの場合，様態を表す副詞的要素としては形容詞が用いられ，純粋に副詞とされるものはそれほど多くはない．

anders（別の仕方で），anstandslos（無造作に），bestens（非常によく），blindlings（やみくもに），durchaus（完全に），ebenso（同じように），eilends（急いで），flugs（急いで），folgendermaßen（次のように），genauso（全

5.2. 命題内機能

く同じように), geradeheraus (ざっくばらんに), gern[e] (好んで), gezwungenermaßen(いやおうなしに), glattweg(無造作に), hinterrücks (こっそりと), insgeheim (ひそかに), irgendwie(なんとかして), jählings (急に), kopfüber (まっさかさまに), kurzerhand (あっさりと), meuch-lings (だまし討ちで), nebenher (平行して), obenhin (ぞんざいに), rittlings(馬乗りに), rücklings(仰向けに), rundheraus (率直に), rundweg (きっぱりと), schönstens (心から), sehr (とても), so (そのように), stundenweise(時間ごとに), unterderhand(こっそりと), unversehens(不意に), wie (どのように) ...

sehrは形容詞や副詞に作用している場合には程度副詞として機能している. sehrが動詞に作用している場合には様態副詞になるが, 基本的な意味はほとんど同じである. 次のようにほぼ同じ内容を形容詞と動詞で表現できる場合があることから, このような動詞の中には形容詞のように程度を高めることのできる要素が含まれていると考えられる. その要素に sehr が作用するのであろう.

(22a) Ich bin ihm *sehr* dankbar. (私は彼にとても感謝している.)

(22b) Ich danke ihm *sehr*. (私は彼にとても感謝している.)

(23a) Ich war *sehr* froh. (私はとてもうれしかった.)

(23b) Ich habe mich *sehr* gefreut. (私はとても喜んだ.)

様態を尋ねる疑問副詞として wie (どのように) がある.

様態を表す関係副詞としては wie があるが, あまり使われることはない. 先行詞は die Art und Weise, in der Art, in der Weise, nach der Form, in dem Maße, in dem Stil などになるが, 省略されることもある. (→ 9.3.2.)

(24a) Mich stört nur [die Art und Weise], *wie* er es macht. (彼のやり方だけが私の気に障る.)

(24b) Trotz allen Selbstbewußtseins, das sich in seiner straffen Haltung ausdrückte, lag doch etwas Bescheidenes in der Art, *wie* sich der Peter der Mutter Angelas näherte.(MK) (緊張した態度に表れている自負心にも関わらず, PeterがAngelaの母親に近づいている様子にはやはり控えめなものが含まれていた.)

特殊な意味の様態副詞もある.

(25a) Sie war *vergeblicherweise* auf dem Postamt. (彼女は郵便局に

行ったがむだだった。）

(25b) *Vergebens* grub Atréju mit den Händen zwischen den Steinen, um wenigstens eine Wurzel zu finden, aber nichts wuchs hier, nicht einmal Moos oder Flechten. （Ende： Geschichte）（Atréju はせめて根でも見つけようと手で石の間を掘ったがむだだった。ここにはコケさえも生えてなかった。）

　umsonst, vergebens, vergeblich vergeblicherweise は話法詞とされることもあるが，現実世界の事柄を描いたものなので，ここでは様態副詞と考える．(25a)(25b)ではその文で表現されている行為が成果なくなされたことを表す．その文で表現された行為はあることを意図していたが，それが達成されなかったとされている．たとえば，(25a)では郵便局が開いていなかったかもしれないし，買おうと思っていたものがなかったのかもしれない．彼女はひょっとしたら郵便局でだれかに会おうと思っていたのかもしれない．いずれにしても意図されていたことが現実世界で起こらなかったことが表現されている．

5.2.2.3.4.　因果副詞

　命題内の副詞で単独で文肢になり得るもののうち，空間・時間・様態副詞以外に，原因，理由，目的，条件，手段などを表す副詞がある．これら副詞のうち，特によく用いられるのは，原因，理由などを表す副詞である．そこで，ここでは一括して「因果副詞」(Kausaladverb) と呼んでおくことにする．
　これらを次のように整理する．
○原因・理由などの内容を代名詞的な要素（da-, des-, hier-, so など）で示す副詞
○それ自体に原因・理由などの内容を含む副詞
○因果関係を尋ねる疑問副詞
○それ自体に原因・理由などの内容を含まない副詞
　代名詞的な要素を含む場合，それは先行する文の内容やその場の状況などを指す．特に，先行する文の内容を指す場合，結果的に文と文をつなぐことになるので，5.2.3.の「接続副詞」で扱うことにする．また，それ自体には原因，理由などの内容を含まないものも，暗に先行する内容を指すので接続副詞とする．よって，ここではそれ自体に原因・理由などを含むものと原因・

5.2. 命題内機能

理由などの内容を尋ねるものをあげることにする．

5.2.2.3.4.1. それ自体に原因・理由などの内容を含む副詞
○原因・理由
  -halber で終わるもの：amtshalber（職務上），beispiel[s]halber（例を挙げれば），ehrenhalber（名誉のために），gesundheitshalber（健康のために），interessehalber（興味から），sicherheitshalber（念のために）...
  -halben で終わるもの：meinethalben（私のために），deinethalben（君のために），seinethalben（彼のために），ihrethalben（彼女・彼ら・それらのために），unser[e]thalben（私たちのために），eurethalben/euerthalben（君たちのために），dessenthalben（彼・そのために），derenthalben（彼女・彼ら・それらのために），wessenthalben（何のために）
  -wegen で終わるもの（意味は-halben とほぼ同じ）：meinetwegen, deinetwegen, seinetwegen, ihretwegen, unser[e]twegen, euretwegen/euertwegen, dessentwegen, derentwegen
  -willen で終わるもの（um と共に用いられ，意味は-wegen とほぼ同じ）：meinetwillen, deinetwillen, seinetwillen, ihretwillen, unser[e]twillen, euretwillen/euertwillen, dessentwillen, derentwillen

○条件
  -falls で終わるもの：allenfalls（場合によっては），ander[e]nfalls（そうでなければ），äußerstenfalls（極端な場合には），bestenfalls（最もうまくいっても），gegebenenfalls（場合によっては），jedenfalls（いずれの場合にも），keinesfalls（どんな場合にも〜ない），notfalls（どうしようもない場合には），schlimmstenfalls（最悪の場合には）...
  -weise で終わるもの：normalerweise（ふつうは），üblicherweise（ふつうは）...

normalerweise などは「特別の条件がなければ」という意味で，条件の一つと考えられる．im allgemeinen も「ふつうは」という意味で条件を表す．「全体的に・一般的に［言えば］」の意味で用いられることもあるが，その場合にはむしろ「述べ方に関わる話法詞」（→ 5.3.4.5.3.）である．

5.2.2.3.4.2. 因果関係を尋ねる疑問副詞

因果関係を尋ねる代表的な疑問副詞として warum（なぜ・どうして）がある．その他のさまざまな因果関係を表現するためには〈wo[r]＋前置詞〉，〈wessent＋前置詞〉などが用いられる．

○原因・理由
　warum, weshalb, weswegen, wessentwegen, wieso　（なぜ・どうして）
　wessentwillen（誰のために）

○目的
　wofür, worum, wozu（何のために）

○手段
　wodurch, womit（何によって）

5.2.3. 文を接続する機能（接続副詞）

ここで言う「接続副詞」は一般に考えられているよりはいくらか範囲が広い．

接続副詞は単独で文肢を形成し，構造的にはその文に含まれるが，内容的にその文を超えるという特徴を持つ．ここでは因果副詞，制限・付加副詞，代名詞，関係副詞に分類する．一般に接続副詞と言うときには，ここで扱う因果副詞と制限・付加副詞だけを指すことが多い．

5.2.3.1. 因果副詞

因果副詞は 5.2.2.3.4. でも見たが，ここで扱うのは因果副詞の中でも文と文を接続する働きをするものである．原因・理由を表すものが主なものであるが，それに目的，手段なども含めて考える．文を接続する機能を持つ因果副詞を次の二つに分ける．

○原因・理由などの内容を代名詞的な要素（da-, des-, hier-, so など）で示す副詞
○それ自体に原因・理由などの内容を含まない副詞

5.2. 命題内機能

5.2.3.1.1. 原因・理由などの内容を代名詞的な要素で示す副詞

　これらは先行する文の内容や状況を da- や so などで受けて，それを前置詞などと組み合わせ，全体として原因，理由，手段，目的などを表現するものである．そのため因果副詞を含む文の中に先行する文や状況を取り込むことになる．ここには代名副詞の一部も含まれる．

○原因・理由

　　da- などを含むもの：daher（それゆえ），darum（そのために），deshalb（だから），deswegen（それゆえ），infolgedessen（その結果），demnach（従って），demzufolge（その結果）...

　　so を含むもの：also（それで），so（それゆえ），somit（そこで），sonach（それゆえ）...

○手段

　　da- を含むもの：dadurch, damit（それによって）...

　　hier- を含むもの：hierdurch, hiermit（これによって）...

○目的

　　da- を含むもの：dafür, darum, dazu（そのために）...

　　hier- を含むもの：hierfür, hierzu（このために）...

○条件

　　so を含むもの：sowieso（どっちみち）

　sowieso は先行する発話や状況を受けて，「たとえそうでない場合でも」のような意味を表す．

　　(1)　Ich habe wieder nichts mehr zum Essen da. — Ich habe *sowieso* keinen Hunger.（また食べるものがないわ．—いいよ，どうせおなかはすいてないから．）

5.2.3.1.2. それ自体に原因・理由などの内容を含まない副詞

　これらはそれ自体に da- や so などの代名詞的要素を含まないで，因果副詞そのものの意味が先行する文とその文の関係を表現している．

○原因・理由

　　folglich（したがって），mithin（ゆえに）...

○条件

dann（それなら），sonst（そうでなければ），ohnehin（いずれにせよ）...
ohnehin はその中に代名詞的な要素を含まないが，sowieso と同様に先行する発話や状況に関係する。

(2) Ich habe wieder nichts mehr zum Essen da. — Ich habe *ohnehin* keinen Hunger. （また食べるものがないわ。— いいよ，どうせおなかはすいてないから。）

5.2.3.2. 制限・付加副詞

後続する文が先行する文に内容上制限を加えたり，ある内容を付け加えたりすることを表すものである。doch, dagegen, dennoch などは一般に「対立」を表すとされるが，先行する文の内容を認めた上でそれに対立する内容が述べられるので，ここでは「制限」に含めることにする。

○制限

allerdings（ただし），dagegen（それに対し），dahingegen（それに反し），demgegenüber（それに対して），dennoch（それにもかかわらず），doch（だが），hingegen（それに反して），hinwieder（それに対して），hinwiederum（それに対して），immerhin（それでも），indes（それにもかかわらず），indessen（それにもかかわらず），jedoch（けれども），jedennoch（けれども），nichtsdestominder（それにもかかわらず），nichtsdestoweniger（それにもかかわらず），nur（ただし），wiederum（それに対して）...

nur は「ただ…だけ」という意味のとりたて詞として用いられることが多いが，その場合には文肢性がない。次のように単独で文肢となり，文頭で用いられた場合に接続副詞となる。

(3a) Ich würde ihn gern abholen, *nur* kenne ich ihn nicht. （私は喜んで彼を迎えに行きたい。ただし，私は彼を知らない。）

(3b) »Man kann ja auch außen herumgehen«, meinte Atréju, »oder nicht?« »Kann man«, wiederholte Engywuck, »kann man durchaus! *Nur* ist dann dahinter nichts mehr. ...« (Ende: Geschichte) （「外側を回っていくことだってできるはずだ。」Atréju は言った。「そうでしょう？」「それは可能だ。」Engywuck は繰り返して言った。「それはまったく可能なことだ。ただし，そうするとその後ろには何もないんだ。」）

5.2. 命題内機能

nur daß の形で用いられる場合もある．daß があるために後続する文は副文となる．

(4) Die Reise war schön, *nur* daß es manchmal zu heiß war. （旅行はすばらしかった．ただし，ときどきあまりに暑かったが．）

doch にもさまざまな機能があるが，(5a)のように単独で文肢となり，文頭で用いられている場合は接続副詞である．しかし(5b)のように並列の接続詞として用いられる方が多い．定動詞の位置が異なる．

(5a) Er wartete lange, *doch* kam sie nicht. （彼は長いこと待っていた．しかし彼女は来なかった．）

(5b) Er wartete lange, *doch* sie kam nicht. （彼は長いこと待っていた．しかし彼女は来なかった．）

文中に用いられた場合には心態詞の doch と区別はつきにくい．

(6) Es regnet *doch*.

(6)は doch が強く発音されない（文アクセントがない）場合には「（散歩に行くって言っていたけど）雨が降っているよ」というように何らかの対立は表現されるもののそれは前面には出ず，むしろ「雨が降っている」ことが伝達の中心となっている．ところが，doch が強く発音される（文アクセントがある）と「でも雨が降っている」というように，先行する文の内容や状況との対立という関係の方が前面に出てくる．ふつうは文アクセントがない場合に心態詞とされ，文アクセントがある場合には接続副詞とされる．

接続副詞としての doch は補足疑問文には用いられない．それは，補足疑問文ではその文の一部の情報が欠けており，話し手はその文の内容を主張できないので，先行する文や状況との対立が問題にならないからである．

(7a) *Wo ist er *dóch* gewesen?

決定疑問文でもふつう話し手はその文の内容を主張しないが，(7b)のような決定疑問文では「列車が定刻どおり着いた」ことを念押ししており，むしろその文の内容をほとんど確信している．そのため，先行する文や状況との対立を表現することができるのである．

(7b) Ist der Zug *dóch* pünktlich gekommen? （列車はそれでも定刻どおり着いたのではないか．）

なお，心態詞としての doch は(7a)で用いることができるが，(7b)で用いることはできない．これは doch の対立という意味が前面に出てこないためで

ある（→ 5.3.5.4.2.2.）．
○付加
auch（さらに），außerdem（そのうえ），dann（それから），nebenbei（そのうえ），nebenher（加えて）...

auch は「…も」という意味のとりたて詞として用いられることが多いが，その場合には文肢性がない．次のように単独で文肢となり，文頭で用いられた場合に接続副詞となる．

(8a) *Auch* kenne ich ihn nicht sehr gut. （それに私は彼をあまりよく知らない．）

(8b) Er ging um die Pforte herum und betrachtete sie von der Rückseite, aber der Anblick unterschied sich nicht von dem der Vorderseite. *Auch* gab es weder eine Klinke noch einen Türknauf, noch ein Schlüsselloch darin. (Ende: Geschichte)（彼は門の周りを回ってそれを背後から眺めた．しかし，見かけは正面から見たのとは変わらなかった．それにそこには取っ手も握りも鍵穴もなかった．）

5.2.3.3. 代名副詞

da[r]-，wo[r]-，hier- と前置詞が結びついたものは「代名副詞」(Pronominaladverb)と呼ばれる．このうち，〈da[r]＋前置詞〉，〈hier＋前置詞〉はその中に代名詞の機能を含み，先行する文とその文を接続させる機能を果たすことがあるのでここで扱う．なお，〈wo[r]＋前置詞〉は「疑問副詞」として 5.2.4. で扱う．

5.2.3.3.1. da[r]＋前置詞

〈前置詞＋代名詞〉で代名詞が事物を指すときに，融合して〈da＋前置詞〉となることが多い．そして，前置詞が母音で始まるときに〈dar＋前置詞〉となる．

dabei, dadurch, dafür, dagegen, dahinter, damit, danach, daneben, daran, darauf, daraus, darin(darein), darüber, darum, darunter, davon, davor, dawider, dazu, dazwischen

すべての前置詞と人称代名詞にこのような融合が可能なわけではない．2

5.2. 命題内機能

格支配の前置詞は -dessen (stattdessen, währenddessen) や dessen[t]- (dessenthalben, dessentwegen, um dessentwillen, dessenungeachtet) と結びつくものがある。

ここでは代名詞の格は明示されないことになる。3・4格支配の前置詞の場合にも3格と4格の違いがなくなる。

(9a) Da steht ein Tisch. *Darauf* liegen viele Bücher. （そこに机がある。その上にはたくさんの本がある。）

(9b) Da steht ein Tisch. Legen Sie die Bücher *darauf*! （そこに机があります。その上に本を置いてください。）

(9a)では darauf は auf dem Tisch（3格）の代わりに用いられており、(9b)では auf den Tisch（4格）の代わりに用いられている。ただし、〈in+3格〉の darin に対し、〈in+4格〉には darein という形が用いられる。

このような融合が可能なのは代名詞が事物を指示している場合に限られ、人間を指示している場合には融合形は用いられない。

(10a) Ich warte auf seinen Brief. （私は彼の手紙を待っている。）
→ Ich warte *darauf*. （私はそれを待っている。）

(10b) Ich warte auf den Lehrer. （私は先生を待っている。）
→ Ich warte *auf ihn*. （私は彼を待っている。）

〈da[r]+前置詞〉は文を接続しながら、同時に状況を表現する空間副詞、時間副詞、様態副詞、因果副詞として働いている。

(11a) Er hat einen Brief geschickt. Ein Foto war auch *dabei*. （彼は手紙を送った。写真もそれに添えた；空間副詞）

(11b) Er las die Zeitung und rauchte *dabei*. （彼は新聞を読みながら、タバコを吸っていた；時間副詞）

(11c) Er ist reich und *dabei* sehr bescheiden. （彼は金持ちで、それでいてとても謙虚だ；因果副詞）

場合によっては、〈da[r]+前置詞〉は動詞や形容詞の前置詞目的語になっている場合もある。そのような場合にはどのような動詞や形容詞と共に用いられているのかに注意を払わなければならない。

(12a) Er wußte sicher, wo sie wohnte. Doch fragte ich ihn nicht *danach*. （彼は彼女がどこに住んでいるのかきっと知っていた。しかし、私は彼にそれをたずねなかった；←4格+nach+3格 fragen…[4]に

— 51 —

  …³についてたずねる)

 (12b) Er ließ mir Zeit und ich war ihm dankbar *dafür*.（彼は私に猶予を与えてくれ，私はそのことを彼に感謝した；←3格＋für＋4格 dankbar sein …³に…⁴で感謝している)

 (12c) Gestern wurde eine Versammlung abgehalten und ich habe *daran* teilgenommen.（昨日ある集会があって，私はそれに参加した；←an＋3格 teilnehmen …³に参加する)

場合によっては名詞に作用するものもある．

 (12d) Sie haben keinen Beweis *dafür*!（あなたはそのことの証拠をまったく持っていない！←ein Beweis für＋4格 …⁴の証拠)

〈da[r]＋前置詞〉は後続する zu 不定詞や daß 文などを先取りしている場合がある．

 (13a) Die Eltern sind *damit* einverstanden, daß er studiert.（両親は彼が大学に行くことに同意している；←mit＋3格 einverstanden sein …³に同意している)

 (13b) Ich interessiere mich sehr *dafür*, wie er reagiert.（彼がどう反応するか，私はとても興味があります；←sich⁴ für＋4格 interessieren …⁴に興味を持つ)

 (13c) Es geht *darum*, wer die Partei führen wird.（誰が政党を率いるかが問題である；es geht um＋4格 …⁴が問題である)

 (13d) Sie ist weit *davon* entfernt, so etwas zu tun.（彼女はまずそんなことはしない；←weit von＋3格 entfernt sein …³することはまったくない)

5.2.3.3.2. hier＋前置詞

 〈前置詞＋代名詞〉で代名詞が事物を指示するときに，融合して〈hier＋前置詞〉となることがある．〈da[r]＋前置詞〉とほぼ同じように用いられるが，使われる頻度はそれほど高くない．

 hieran, hierauf, hieraus, hierbei, hierdurch, hierfür, hiergegen, hierhinter, hierin(hierein), hiermit, hiernach, hierneben, hierüber, hierum, hierunter, hiervon, hiervor, hierwider, hierzu, hierzwischen

 (14a) Hier ist ein Stuhl. Setzen Sie sich *hierauf*!（ここにいすがある．

この上に座ってください．)
- (14b) *Hierin* befand sich früher sein Arbeitszimmer. (この中に以前は彼の仕事部屋があった．)
- (14c) *Hierüber* hat sie ein Buch geschrieben. (これについて彼女は本を書いた．)
- (14d) Die Beweise *hierfür* sind eindeutig. (これに関する証拠ははっきりしている．)

〈hier＋前置詞〉は先行する文脈に関連するよりも近くの実際の場所を指している場合の方が多いと思われる．
- (15a) *Hierauf* schlief der König. (この上で王様が眠っていた．)
- (15b) *Hierdurch* ist der Fuchs in den Stall gekommen. (ここを通って狐が納屋に入ってきた．)

hiermit は次のように，その文を発話することによってその行為が行われるという文に用いられる．
- (16a) *Hiermit* taufe ich das Schiff auf den Namen „Titanic". (これをもってこの船をタイタニックと名づけることにする．)
- (16b) *Hiermit* bewerbe ich mich für das Stipendium. (これをもって私は奨学金に応募します．)

(16a)ではこの文を発話することによって名づけるという行為が行われ，また，(16b)ではこの文を発話することによって応募するという行為が行われると見なされる．

5.2.3.4. 関 係 副 詞

関係副詞（→ 9.3.2.）については，空間副詞，時間副詞のところでも触れたように wo が代表的な形である．wo は内容的には先行する文に現れた空間や時間を表す名詞を受けるが，それ自身の文の中では空間副詞や時間副詞として働く．
- (17a) Das ist die Stadt, *wo* ich geboren bin. (これが私が生まれた町です．)
- (17b) Ich erinnere mich noch an dem Tag, *wo* ich sie zuerst sah. (私は彼女に最初に会った日をまだ覚えている．)

次のように，副詞を先行詞とすることもある（→ 9.3.3.）．

(18a) Er blieb dort, *wo* er studiert hatte. （彼は大学に通ったその地に留まった．）

(18b) Jetzt, *wo* ihr euch ausgesprochen habt, könnt ihr das Problem sicher lösen. （君たちが見解を表明した今，きっとその問題は解決できる．）

あるいは，次のように先行詞がない場合もある．

(18c) Bleib weg, *wo* du nichts zu tun hast. （おまえが関係ないところからは離れていろ．）

方向を表す場合には wohin, 出発点を表す場合には woher が用いられる．

(19a) Sie ist dorthin gefahren, *wohin* er auch fahren wollte. （彼女は彼も行きたいと思っていたところへ行った．）

(19b) Ich gehe dahin, *woher* du gerade kommst. （私は君が今さっきまでいた場所へ行く．）

〈前置詞＋関係代名詞〉が融合した形として，〈wo[r]＋前置詞〉がある．疑問副詞(→5.2.4.)と同じ形であるが，関係副詞としても用いられる．(→9.3.2.)

wobei, wodurch, wofür, wogegen, wohinter, womit, wonach, woneben, woran, worauf, woraus, worin(worein), worüber, worum, worunter, wovon, wovor, wowider, wozu, wozwischen

(註) すべての前置詞がこのように関係代名詞と融合するわけではない．wessen と同じ意味の wes と結びついた weshalb, weswegen という形もある．また，auf ... hin と関係代名詞が融合した woraufhin という関係副詞もある．

5.2.4. 尋ねる機能（疑問副詞）

疑問詞のうち，副詞的な機能を持つものを「疑問副詞」と呼ぶ．代表的な疑問副詞は次のようなもので，これらは空間副詞・時間副詞・様態副詞・因果副詞としての機能も持つ．

wo（どこで）, wohin（どこへ）, woher（どこから）, wann（いつ）, wie（どのように）, warum（なぜ）

wie は形容詞や副詞の前に置かれると，程度副詞としての機能を持つ．

5.2. 命題内機能

(1a)　*Wie* hoch ist der Turm？　（その塔はどのくらいの高さですか．）

(1b)　*Wie* oft im Monat gehst du ins Kino？　（君は月に何回くらい映画へ行くの．）

前置詞と疑問代名詞 was が結びつくと〈wo[r]＋前置詞〉という形になる．前置詞が母音で始まるときに〈wor＋前置詞〉となる．〈wo[r]＋前置詞〉は代名副詞の一種とされることもある（→ 5.2.3.3.）．

wobei, wodurch, wofür, wogegen, wohinter, womit, wonach, woneben, woran, worauf, woraus, worin(worein), worüber, worum, worunter, wovon, wovor, wowider, wozu, wozwischen

（註） すべての前置詞と疑問代名詞 was の融合が可能なわけではない．wessen と同じ意味の wes と結びついた weshalb（何のために），weswegen（何のために）という形もある．また，auf...hin と疑問詞が融合した woraufhin（何に基づいて）という疑問副詞もある．

このような融合形では代名詞の格は明示されないことになる．3・4格支配の前置詞の場合にも3格と4格の違いがなくなる．

(2a)　*Worauf* sitzen die Kinder？　（子供たちは何の上に座っていますか．）

(2b)　*Worauf* darf ich mich setzen？　（私はどの上に座ったらよろしいでしょうか．）

(2a)の worauf に対してはたとえば auf dem Teppich（3格）と答えることができるだろうし，(2b)ではたとえば auf den Stuhl（4格）のように答えることができるだろう．ただし，〈in＋3格〉の worin に対し，〈in＋4格〉には worein という形が用いられる．

このような融合が可能なのは疑問代名詞が事物を尋ねる場合に限られ，人間を尋ねる場合には用いられない．

(3a)　Ich warte auf seinen Brief.　（私は彼の手紙を待っている．）

　　→　*Worauf* warten Sie？　（あなたは何を待っていますか．）

(3b)　Ich warte auf den Lehrer.　（私は先生を待っている．）

　　→　*Auf wen* warten Sie？　（あなたは誰を待っていますか．）

口語では worauf の代わりに auf was ということもある．

この〈wo[r]＋前置詞〉は空間副詞，時間副詞，様態副詞，因果副詞として働くほか，動詞や形容詞の前置詞目的語になっていることもある．そのような場合にはどのような動詞や形容詞と結びついているのかに注意を払わなければならない．

(4a) *Wofür* interessieren Sie sich? （あなたは何に興味がありますか；← sich^4 für＋4格 interessieren …^{4}に興味がある）

(4b) *Wovor* hat er dich gewarnt? （彼は君に何を警告したのか；← 4格 vor＋3格 warnen …^{4}に…^{3}を警告する）

(4c) *Worum* geht es denn? （何が問題だというのか；← es geht um ＋4格 …^{4}が問題となっている）

なお，〈wo[r] -＋前置詞〉は関係副詞として用いられることもある（→ 5.2.3.4., 9.3.2.）．

命題内機能を持つ副詞はここであげた疑問副詞で尋ねることができる．これに対して次に扱う命題外機能を持つ副詞は疑問副詞で尋ねることができないものである．

5.3. 命題外機能

　命題外機能は，「副詞」の機能としてふつう考えられているものとは異なるものである．命題外機能の副詞は「いつどこでなぜ誰が何をどうする」ということを表す命題には含まれず，命題に関して何らかのことを表現するものである．
　ここでは，命題外機能を「とりたて機能」「スケール機能」「否定機能」「話法機能」「心態機能」「応答機能」に分けて取り扱う．それぞれの機能で用いられる副詞を「とりたて詞」「スケール詞」「否定詞」「話法詞」「心態詞」「応答詞」と呼ぶ．ある語が場合によってとりたて詞として用いられることもあるし，別の場合には心態詞として用いられることもある．これらにはまだ一般に完全に定まった用語がない．また，たとえ他の文法書等で同じような用語があったとしてもここで指すものと一致するとは限らないので注意を要する．

5.3.1. とりたて機能（とりたて詞）

　とりたて詞は日本語の助詞「だけ」，「も」，「さえ」などにあたるものである．ドイツ語では nur, auch, sogar などが代表的な例であるが，その他に ausgerechnet, ausschließlich, bloß, eben, einzig, genau, gerade, lediglich, selbst；einzig und allein なども使われる．

(1a) 　*Auch* Peter ist gekommen. （Peter も来た．）
(1b) 　*Bloß* ich war schuld. （私だけが悪かった．）
(1c) 　*Eben* diesen Mann habe ich dort getroffen. （まさにこの男にそこで会った．）
(1d) 　*Gerade* heute haben wir schlechtes Wetter. （きょうに限って天気が悪い．）
(1e) 　*Nur* Peter ist gekommen. （Peter だけが来た．）
(1f) 　*Selbst* der Arzt kann ihm nicht helfen. （その医者でも彼を助ける

ことはできない．)
- (1g) *Sogar* Peter ist gekommen．(Peter までも来た．)
- (1h) Was mich irritierte, war *einzig und allein* dieses Lokal．(私をいらだたせたのは他でもなくそのレストランだった．)

これらと erst, schon, noch などを合わせて Gradpartikel（または Fokuspartikel）と呼ばれることが多いが，ここでは「とりたて詞」と「スケール詞」に分けて取り扱うことにする．erst, schon, noch などはスケール詞で扱う．また，nur などにはとりたて詞の他にスケール詞としての用法もある．

とりたて詞は文中の特定の要素に関係している．その要素の背後にはその文には現れていないそれらと並列的な関係にあるさまざまな要素が潜んでいる．とりたて詞は特定の要素を取り上げて述べるのであるが，とりたて詞によってその要素と文に現れない他の要素との関係が異なる．

(註)「とりたて詞」というのは日本語の分野で近年使われている用語である．沼田(1992), 益岡(1995)などを参照．

5.3.1.1. とりたて詞の位置

とりたて詞は空間副詞，時間副詞，接続副詞などとは異なり，単独で文の第1位に置くことができない．つまり，文肢性がないということになる．
- (2a) Renate schenkte *heute* ihrer Mutter Blumen．(Renate はきょう母親に花を贈った．)→ *Heute* schenkte Renate ihrer Mutter Blumen.
- (2b) Renate schenkte ihrer Mutter *nur* Blumen．(Renate は母親に花だけを贈った．)→*Nur schenkte Renate ihrer Mutter Blumen.

(註) ただし，次のように単独で第1位に置かれた nur や auch は接続副詞の制限・付加副詞（→ 5.2.3.2.）として用いられている．

Ich würde ihn gern abholen．*Nur* kenne ich ihn nicht．(私は喜んで彼を迎えに行きたい．ただし私は彼を知らない．)

Ich möchte ihn nicht abholen．*Auch* kenne ich ihn nicht gut．(私は彼を迎えに行きたくない．それに私は彼をあまりよく知らない．)

5.3. 命題外機能

とりたて詞は作用する要素によって，文のさまざまな位置に現れる．

- (3a) *Nur* Renate schenkt ihrer Mutter zum Geburtstag Blumen. (Renate だけが母親に誕生日に花を贈る．)
- (3b) Renate schenkt *nur* ihrer Mutter zum Geburtstag Blumen. (Renate は母親だけに誕生日に花を贈る．)
- (3c) Renate schenkt ihrer Mutter *nur* zum Geburtstag Blumen. (Renate は母親に誕生日だけに花を贈る．)
- (3d) Renate schenkt ihrer Mutter zum Geburtstag *nur* Blumen. (Renate は母親に誕生日に花だけを贈る．)

5.3.1.2. とりたて詞と焦点

5.3.1.2.1. とりたて詞の焦点

　(3)でとりたて詞がさまざまな位置に置かれることを見たが，とりたて詞の位置はそれがどの要素に作用しているかを示している．(3a)では nur は Renate に作用し，「Renate は誕生日に母親に花を贈るが，他の人は贈らない」ことを表す．(3b)では ihrer Mutter に作用し，他の人には贈らないことを表し，(3c)では zum Geburtstag に作用し，誕生日以外には贈らないこと，(3d)では Blumen に作用し，花以外は贈らないことを表す．つまり，どの要素に作用するかによってその文が示唆する内容が変わってくるのである．

　(3)のような文でとりたて詞が作用する要素をここではとりたて詞の「焦点」と呼ぶ．(3a)では Renate, (3b)では ihrer Mutter, (3c)では zum Geburtstag, (3d)では Blumen がそれぞれ nur の焦点になっている．焦点は文の中でも特に強く発音される．とりたて詞はこの焦点と共に文肢となる．そのため，(3a)のように焦点となっている要素と共に文頭に置くことは可能である．

　nur の場合，その命題において焦点となっている要素のみが有効であることを示す．つまり，焦点以外の部分が共通の他の命題を排除することになる．(3a)の文ではたとえば

- (4) *Birgit/Peter/Michael/Yoshiko* schenkt ihrer Mutter zum Geburtstag Blumen. (Birgit/Peter/Michael/良子は母親に誕生日に花を贈る．)

が排除される．

5.3.1.2.2. 焦点ととりたて詞の位置

　これまでとりたて詞が焦点の直前に置かれ，焦点と共に一つの文肢を成す場合を見てきた．しかし，とりたて詞は焦点の後に置かれることもあるし，焦点と離して置かれることもある．ここではとりたて詞と焦点の位置関係を見てみよう．

5.3.1.2.2.1. とりたて詞＋焦点（焦点の直前に置かれる場合）

　これが今まであげてきた例で，もっとも一般的な位置である．ここではとりたて詞が文のさまざまな要素を焦点とすることを見てみることにしよう．焦点は下線で示す．

○名詞を焦点とする例：

(5)　　*Ausgerechnet* Immanuel Kant, der den kältesten Blick auf die Welt werfen konnte, einen Blick wie von einem anderen Stern, war Cerebralsklerotiker. (Lüth) （よりにもよって，まるで他の星から見ているようなもっとも醒めた視線をこの世に投げかけた Immanuel Kant が大脳硬化症患者だった．）

○数詞を焦点とする例：

(6)　　Für 1979 meldeten sie 605, im folgenden Jahr 669 und 1981 *sogar* 784 unerklärliche Todesfälle allein von Kindern im ersten Lebensjahr. (Spiegel) （一歳未満の子供たちの原因不明の死だけで1979年には605の，次の年には669の，そして1981には784もの例が報告された．）

○時間副詞・空間副詞を焦点とする例：

(7a)　Ich bin auch ein Idiotenweib, daß ich *ausgerechnet* jetzt davon anfange. (Simmel) （私も馬鹿な女だわ．よりにもよって今こんなことを口にするなんて．）

(7b)　Aber *auch* hier stellt sich die Frage: tritt Scelba in die Regierung ein, oder bleibt er ihr fern? (MK) （しかし，ここでもScelbaが入閣するか，それとも一線を画すかという疑問が起こってくる．）

○動詞を焦点とする例：

(8)　　[...] den Alten vom Wandernden Berge kann man nicht su-

chen. Man kann ihn *nur* <u>finden</u>. (Ende: Geschichte) (動く山の老人は探すことはできません．それはただ見つけられるだけです．)
ふつうは「探す」ことによって「見つかる」ものである．しかし，ここでは「探すことはできない，見つかるだけである」と述べられている．
○副文を焦点とする例：
(9) Atréju würde nicht so schnell aufgeben, *bloß* <u>weil es ein bißchen schwierig wird</u>. (Ende: Geschichte) (Atréju だったら，ただちょっとばかり難しくなったからといってそんなに早くはあきらめはしないだろう．)

5.3.1.2.2.2. 焦点＋とりたて詞（焦点の直後に置かれる場合）

とりたて詞は焦点の直後に置かれることもあるが，この配置は一般的ではない．何らかの制限があるとりたて詞や，直後に置くことができないとりたて詞もある．

(10a) <u>Ér</u> *nur* wird uns verraten. (彼だけが私たちを裏切るだろう．)
(10b) Übrigens wurde Engywuck später noch sehr berühmt, <u>der berühmteste Gnom seiner Familie</u> *sogar*. (Ende: Geschichte) (それから Engywuck だが，あとになってからとても有名になった．しかも彼の一族で最も有名な小人になった．)
(10c) * <u>Zwérge</u> *auch* haben klein angefangen.
(10d) Klein angefangen haben <u>Zwérge</u> *áuch*. (最初は小さかったのは小人も同様だ．)

nur とか sogar は (10a) (10b) のように焦点の直後に置かれることもある．Altmann (1976：108) によると，auch は (10c) のように文頭では後置できないが，(10d) のように，焦点が定動詞の後にあり，しかも auch 自体が強く発音されるときに可能である．

5.3.1.2.2.3. 焦点＋…＋とりたて詞 （焦点の後に離して置かれる場合）

とりたて詞が常に焦点のすぐとなりにあるとは限らない．離れたところに置かれることもある．次の例は後方に離された例である．

(11a) <u>Der Ménsch</u> interessiert mich *nur / bloß / lediglich / einzig /*

ausschließlich, nicht das Vermögen. (私はあの人だけに興味があるのであって，財産に興味があるのではない。)

(11b) Joh<u>á</u>nna fragte mich *sogar.* (Johanna さえも私に質問した。)

とりたて詞は(11a)では Mensch，(11b)では Johanna を焦点としている。とりたて詞と焦点を離して置こうとすると，とりたて詞がどこに作用するかを明らかにするために焦点となる要素がひときわ強く発音される必要がある (Altmann 1976:119)。よってこのような配置は話しことばに多く見かけられる。

5.3.1.2.2.4. とりたて詞＋…＋焦点
　　　　　　　（焦点の前に離して置かれる場合）

とりたて詞が前の方に離して置かれる例はあまりない。次の例では，Churchill と Mussolini が連絡をずっととりあっていたという文脈があり，そのあと sogar で読者にまさかそんなことまでと思わせる内容が続くと考えられるので，sogar の焦点は in einem Brief ではなく，Schutz vor jedem alliierten Siegergericht garantiert haben であることがわかる。

(12) Photokopien aus dem Besitz eines ehemaligen SS-Mannes, die suggerierten, daß Englands Premierminister Winston Churchill und der faschistische Duce Mussolini die ganze Kriegszeit über insgeheim miteinander korrespondiert hatten. Churchill sollte Mussolini *sogar* in einem Brief <u>Schutz vor jedem alliierten Siegergericht garantiert haben.</u> (Spiegel) (前ナチ親衛隊の男の持っていたコピーは，イギリスの首相 Winston Churchill とファシストの統領 Mussolini が戦時中にずっと密かにお互い連絡を取り合っていたことを示していた。Churchill は Mussolini にある手紙であらゆる連合軍の戦勝法廷での保護さえも保証したということだった。)

5.3.1.3.　とりたて機能の種類

5.3.1.3.1.　とりたて詞と想定世界

とりたて詞の焦点となっている要素の背後には，その文には現れていないが，場合によってはとりたて詞の焦点となっている要素の代わりにそこに現

5.3. 命題外機能

れる可能性もあったものが潜んでいる．ここではそのようなものを「(焦点の)候補」と呼んでおこう．焦点の候補というのは話し手の想定世界の中で別の命題を形成している要素である．

とりたて詞の焦点となっている要素と話し手の想定世界の中にある焦点の候補との関係によって次のような機能に分けることができる．ひとつのとりたて詞がいくつかの機能を持つこともある．

選択型とりたて機能
　　　排除的とりたて詞
　　　包含的とりたて詞
比較型とりたて機能
　　　上位ランク型とりたて詞
　　　下位ランク型とりたて詞

「選択型とりたて機能」というのは nur, auch のように，話し手の想定世界の中に焦点の候補があることを示唆するもので，このうち「排除的とりたて詞」は nur のように他の候補を排除することを表現し，「包含的とりたて詞」は auch のように他の候補も含むことを表現するものである．

「比較型とりたて機能」というのは焦点の候補があることを単に示唆するだけでなく，その文で焦点となっている要素と他の候補をなんらかの価値判断の下に比較するものである．焦点となっている要素が他の候補よりも高いとする機能をもつ語を「上位ランク型とりたて詞」，低いとする機能をもつ語を「下位ランク型とりたて詞」と呼ぶことにする．

5.3.1.3.2. 選択型とりたて機能

　　(13a) *Nur* Peter hat mir geholfen.　(Peter だけが私を手伝ってくれた．)
　　(13b) *Auch* Peter hat mir geholfen.　(Peter も私を手伝ってくれた．)

両方とも「Peter が私を手伝ってくれた」という事柄に変わりはない．その意味でとりたて詞があってもなくても，またどんなとりたて詞があっても，その文自体が表す事柄は同じである．しかし，とりたて詞が使われることによってその文が示唆する内容（その文が間接的に表現する内容）が異なってくる．たとえば，上の文で nur が使われた (13a) は「Peter 以外は手伝わなかった」ことを示唆し，auch が使われた (13b) は「Peter 以外の人も手伝った」ことを示唆している．

nur は Peter を焦点とし，Peter 以外の人を排除するので「排除的とりたて機能」を持つ．これに対して auch は同じく Peter を焦点とするが，Peter 以外の人も同じことをやったということを意味するので「包含的とりたて機能」を持つ．話し手の想定世界ではいくつかの選択肢が思い浮かべられ，その中からある物をとりたてて述べるようなタイプのとりたて詞は，その機能に応じて「排除的とりたて詞」と「包含的とりたて詞」と呼ぶことにする．

5.3.1.3.2.1. 排除的とりたて詞

allein（〜だけ），ausschließlich（もっぱら），bloß（〜だけ），eben（まさに），einzig（〜だけ），genau（きっかり），gerade（まさに・よりにもよって），lediglich（〜だけ），nur（〜だけ）；einzig und allein（ひとえに）
すでに何度も出した nur 以外の例をあげる．

(14a) Du *allein* kannst mir noch helfen. （君だけがまだ私を助けられる．）

(14b) Der Parkplatz ist *ausschließlich* für Kunden reserviert. （この駐車場はお客様専用です．）

(14c) *Eben* dieses Buch habe ich die ganze Zeit gesucht. （まさにこの本をずっと探していた．）

(14d) Das Boot ist *genau* drei Meter lang. （そのボートはきっかり3メートルだ．）

(14e) [...], dann war auch immer schon vorherbestimmt, daß Daniel Mann mich *gerade* am gestrigen Abend anrief und dringend nach Wien bat und ich danach *gerade* mit jener Unglücksmaschine fliegen mußte. (Simmel) （それなら，Daniel Mann がよりにもよって昨日の夜私に電話してきて，急いでウィーンに来るように頼み，そしてそのあと私はよりにもよってあの事故機で飛び立つことになったというのもあらかじめすでに定められていた運命ということになる．）

(14f) [...], aber das ist *gerade* das Schöne. (Ende : Geschichte) （でもそれがまさにすばらしいことなのです．）

(14g) Ich bedaure, daß unser Untersuchungsgefängnis *gerade* gegenüber dem Münster steht ; (Frisch : Winkle) （私たちの未

5.3. 命題外機能

決監が大聖堂の真向かいにあるというのが残念だ.)

(14h) *Einzig und allein* er ist daran schuld. (彼だけにその責任はある.)

(14e)から(14g)では gerade はその焦点となっている要素以外の何物でもないことを表しているので排除的であるが, gerade には後で見るように「比較型とりたて機能」を持つこともある.

5.3.1.3.2.2. 包含的とりたて詞

auch (〜もまた), ebenfalls (同様に), ebenso (同様に), gleichfalls (同様に)

すでに何度も出した auch 以外の例をあげる.

(15a) Als ich die Party verließ, ging er *ebenfalls*. (私がパーティから帰ったとき, 彼も帰った.)

(15b) Du verehrst den Lehrer, und ich verehre *ebenso*. (君がその先生を尊敬しているように, 私も尊敬している.)

(15c) Sie hat *gleichfalls* recht. (彼女の言うことも正しい.)

これらは焦点となっている要素の他にもあてはまる要素があることを表す. ここで表現されている要素はそのうちの一つにすぎないということになる. (15a)では er の他に帰った ich というのが明示され, (15b)でも ich の他に尊敬している du というのが明示されているが, (15c)では sie の他に正しいことを言っている人がいることが示唆されているだけである.

5.3.1.3.3. 比較型とりたて機能

比較型とりたて機能は前節で述べた選択型の包含的とりたて機能も兼ね備え, さらにそれに別の機能が加わったものである. 選択型の包含的とりたて機能はその文でとりたて詞の焦点となっている要素が, 他の候補とほぼ同じ資格でそこに含まれることを表すが, 比較型とりたて機能はそれと同時に焦点の要素が他の候補とは異なったランクであることを表す.

比較型とりたて機能には焦点となっている要素が焦点の候補よりも上位であることを表すもの (上位ランク型) と下位であることを表すもの (下位ランク型) がある.

5.3.1.3.3.1. 上位ランク型とりたて詞

ausgerechnet（よりにもよって），besonders（特に），gerade（特に），insbesondere（特に），vornehmlich（とりわけ），zumal（特に）；vor allem（とりわけ）

(16a) *Ausgerechnet* heute ist er krank.（よりにもよって今日彼は病気になるなんて．）

(16b) *Gerade* ältere Leute sollten vorsichtig sein.（特にお年寄りが気をつけなければならない．）

(16c) Sie mag Blumen sehr gern, *insbesondere* Rosen.（彼女は花が好きだ，特にバラが．）

(16d) *Besonders/Vornehmlich/Zumal* im Sommer ist das Meer schön.（特に夏，海は美しい．）

(16a)では「今日病気になること」が他の日よりも都合が悪いという事情があるのだろう．つまり，heute は他の日と比べてより不都合だという意味で上位ランク型である．(16c)は Sie mag *insbesondere* Rosen sehr gern. だけでも「彼女が好きなのはバラだけではない」ことがわかるが，ここではその前にはっきりと「花が好きだ」と述べられ，その中でもバラが最も上位であることが表現されている．つまり，バラもそれに含まれるが，他の候補に比して特別なものであることが示されるのである．

5.3.1.3.3.2. 下位ランク型とりたて詞

auch（〜さえも），selbst（〜さえも），sogar（〜さえも）；nicht einmal（〜すらない）

(17) *Sogar/Selbst* Peter hat mir geholfen.（Peter さえも手伝ってくれた．）

sogar も selbst も Peter 以外の人の存在を示唆しているばかりでなく，Peter は手伝ってくれた人の中で手伝いそうになかった人として表現されている．しかも，当然 Peter 以外の想定される人全員は含まれている．そうすると，話し手の中に候補者として，ランク付けがあり，Peter は最も低い位置にあることになる．たとえば，話し手の想定世界の中に次のようなランクがあるものと考えられる．

5.3. 命題外機能

```
Renate   Birgit   Verena   Hanako              Peter
└── 手伝いそうな人（想定）──┘  └ 手伝いそうにない人（想定）┘
          └──── 手伝ってくれた人（実際）──┘
```

Peter という名前は当初思い浮かべられてもいなかったかもしれないが，逆の意味で想定されていたかもしれない．さらにおもしろいことに，sogar Peter と言った場合には「手伝いそうな人」の中のある人は手伝っていなくて，それを非難するために用いられることもある．

　auch も，単に表現されていない要素があるということだけではなく，他の候補と比較し，焦点となっている要素がランクが下であることを表現する場合がある．

(18)　*Auch* ein Experte hätte das Erdbeben nicht vorhersagen können.（専門家であってもその地震を予告することはできなかったであろう．）

この文の内容（地震を予告できないこと）に，他の人は当てはまっても，Experte だけはあてはまらないという想定があったが，実際は Experte もそれに含まれることを示している．それと同時に，当然 Experte 以外の人もそこに含まれる．「地震を予告できない」ということに関して Experte はランクが一般の人よりも下だったわけである（つまり予告することに関しては上だったということになる）．

　auch や sogar などがこのように他に表現されない要素があるということを表すだけでなく，ある種のランク付けを含むということは，話し手の評価も表すということである．

　nicht einmal はその中に否定を含む．

(19)　Er kann *nicht einmal* grüßen.（彼は挨拶さえしない．）

ここでは grüßen は他のことに比べて必要最低限度のモラルとして提示されている．想定された中で最低限度のものも行われないことを表している．

　比較型とりたて詞はこれまで見てきたように，話し手の想定世界に一つのランク付けがあるということを表すが，現実世界にランクや順序のようなスケールがあり，その事柄の現実世界と想定世界の位置づけが異なることを表す場合には「スケール機能」とする．これについては次の章で述べる．

5.3.2. スケール機能（スケール詞）

　スケール機能というのは本書独自の分類である．ここでスケール詞としている語はとりたて詞と共に Gradpartikel として取り扱われることが多い．しかし，現実世界と想定世界との関係という観点からは独自の機能と考えられるので，ここでは別個に取り扱うことにする．スケール機能は，現実世界にスケールがあるものに関して，スケール上の位置づけが想定世界と現実世界で食い違っていることを表現するものである．

5.3.2.1. nur

　前章では排除的とりたて詞の nur を見たが，nur には次のような用法もある．

　　(1a)　Er hat *nur* 10 Mark bei sich. （彼は手元に 10 マルクしか持っていない．）

　　(1b)　Es handelt sich *nur* um Assistentenstellen. （それはただの助手のポストだ．）

とりたて詞の nur は焦点以外の候補を排除する意味を持つ．しかしこの(1a)の場合には単に 10 マルク以外が排除され，(1b)の場合には助手のポスト以外が排除されているのではない．(1a)の場合には話し手の想定世界では 10 マルク以外持っているというのではなく，10 マルクより多く持っているということが想定されていた．(1b)の場合には，助手以外というのではなく，たとえば教授ポスト，講師ポストというものが想定されていた．つまり助手より上ということになる．

　スケール上で現実世界の数値と想定世界の数値を示すと次のようになる．

　　(1a')

	マルク	0	5	10	15	20
	現実世界			▲		
	想定世界				▲	

5.3. 命題外機能

(1b')

　　　ポスト　　助手　　講師　　助教授　　教授
　　　現実世界　　　　▲
　　　想定世界　　　　　　　　　▲

次のような例でもスケールがあり，これらの場合には現実世界の数値の方が想定世界の数値を上回るように見えるが，nur の焦点となっている要素以外のものが排除されることを表すので，とりたて詞と見なす．

(2a) *Nur* ein Wunder kann uns noch retten. （私たちをまだ救えるのは奇跡だけだ．）

(2b) Er nimmt *nur* hochbegabte Schüler an. （彼は高い才能のある生徒だけを受け入れる．）

(2c) *Nur* ein gutes Zeugnis reicht für diesen Beruf aus. （この仕事には優秀な成績しか向かない．）

5.3.2.2. mindestens, wenigstens, zumindest; höchstens

mindestens, wenigstens, zumindest は主に数詞を焦点とし，最低限の数であることを表す．それ以下の数が想定されていたと考えられる．

(3a) In der Badewanne lese ich Zeitungen, lauter unseriöse, bis zu sechs, *mindestens* aber drei. (MK) （風呂の中で私は新聞を読む．軽いやつだが，6種類まで，少なくとも3種類は読む．）

(3b) Eine andere Gruppe von US-Forschern fand heraus, daß es *zumindest* zwei verschiedene Arten von Krebs-Genen gibt, ... (Spiegel) （別の合衆国の研究者グループは少なくとも二つの異なる種類の癌遺伝子があることを発見した．）

(3c) Es hatte Zeiten gegeben, in denen meine Mutter aus Sparsamkeit, weil Waschmittel knapp waren, lange Diskussionen mit ihm darüber führte, ob er nicht die Taschentücher *wenigstens* zwei oder drei Tage mit sich herumtragen könne. (MK) （洗剤が乏しかったので，私の母が節約のために，父がハンカチを少なくとも2，3日は持ち歩くことはできないかという長い議論をした時期があった．）

これらとは逆に höchstens はそれ以上の数が想定されていたが，それが最

大の数であることを表す．

 (3d) Da schlendern gemütlich fünf Löwinnen dahinter vorbei, eine nach der anderen, *höchstens* vier oder fünf Meter von ihm entfernt. (MK) （その時，気持ちよさそうに5頭の雌ライオンがその後ろをぶらぶらと通り過ぎた．1頭，また1頭と，彼からせいぜい4，5メートル離れたところを．）

なお，これらは数詞以外の要素も焦点とすることがある．その場合もなんらかのスケールが想定されていると考えられる．

 (4a) Ich *wenigstens* freue mich darauf. （少なくとも私がそれを期待している．）

 (4b) Vietnam war weit weg, man konnte sich von dort *zumindest* theoretisch jederzeit wieder zurückziehen. (Spiegel) （ベトナムはとても遠かった，そこから少なくとも理論的にはいつでもまた帰ってくることはできた．）

 (4c) „ Ich bin kein Artist," sagte ich wütend, „ sondern ein Clown — das ist ein Unterschied, *mindestens* so erheblich wie zwischen Jesuiten und Dominikanern [...]" (MK) （「ぼくは芸人じゃない」とぼくは怒って言った，「そうじゃなくて道化師なんだ．それには違いがあるんだ．少なくともイエズス会士とドミニコ会修道士くらいの大きな違いがあるんだ．」）

 (4d) Ich brauche einen oder zwei Buben wie dich. Ich will sie für einen Katalog zeichnen. Aber sie dürfen *höchstens* eine Badehose anhaben. (MK) （私は君のような男の子が一人か二人必要なんだ．カタログのために絵をかこうと思っている．ただし身に付けてよいのは水泳パンツくらいのものだ．）

5.3.2.3. erst, noch, schon

noch, schon は(5a)のように文肢をなす場合もあるし，(5b)のように文肢（下線部）の一部をなす場合もある．文肢をなす場合には時間副詞と扱われ，文肢の一部になる場合には Gradpartikel と扱われることが多い．しかし，その区別は常にはっきりしているわけではない．また，いずれの場合にも noch, schon は現実世界と想定世界の時間関係を表すので，ここではスケール詞と

して扱う．
- (5a) *Schon/Noch* schläft er.（彼はもう/まだ眠っている．）
- (5b) *Schon/Noch* im Mai hat er seine Dissertation abgeschlossen.（もう5月には/まだ5月のうちに彼は博士論文を終えた．）

ここではこの schon, noch に erst を加え，三者の関係について述べることにする．その場合，状態を表す文に使われた場合とできごとを表す文に使われた場合に分ける．なお，erst, noch, schon には心態詞としての用法もある（→ 5.3.5.）．

5.3.2.3.1. 状態表現での erst, noch, schon

- (6a) Peter schläft *schon*.（Peter はもう眠っている．）
- (6b) Peter schläft *noch*.（Peter はまだ眠っている．）

両方とも「Peter が眠っている」という事実に違いはない．schon と noch があることによる違いは話し手が事態をどのように想定していたかということである．(6a)の場合には話し手は「Peter はまだ起きているだろう」と思っており，(6b)の場合には「Peter はもう起きているだろう」と思っていたことが読みとれる．よって，話し手の予想としては，schon の場合にはこの文を発話した時点よりも後に眠った状態になると思っていたことになり，noch の場合には発話時点よりも前に眠った状態があり，それが発話時には続いていないと思っていたことになる．この「予想」とは想定世界での想定にほかならない．これを図式化すると次のようになる．発話時（現在）を0とする（現在以降の現実世界は不明なので描いていない）．

(6a')	−5	−4	−3	−2	−1	0	+1	+2	+3	+4
現実世界：	起きている			眠っている						
想定世界：	起きている						眠っている			

(6b')	−5	−4	−3	−2	−1	0	+1	+2	+3	+4
現実世界：	眠っている									
想定世界：	眠っている				起きている					

schon は発話時(0)においては，想定世界では前の状態（起きている）が続いていると想定していたが，現実世界ではそれは終わって次の状態（眠っている）となっていることを表し，noch は想定世界ではその状態（眠っている）が終わって次の状態（起きている）になっていると想定していたが，現実世

界ではその状態（眠っている）が続いていることを表す．

たとえば次のような文はありえないが，これも上と同じように説明できる．

(7a) ＊ Er ist *schon* jung.

(7b) ＊ Er ist *noch* alt.

(7a')

	−5	−4	−3	−2	−1	0	+1	+2	+3	+4
現実世界：		?			jung					
想定世界：			?					jung		

(7b')

	−5	−4	−3	−2	−1	0	+1	+2	+3	+4
現実世界：			alt							
想定世界：		alt					?			

　(7a)では，想定世界では，jung は発話時の状態よりも後の状態であり，発話時においては jung の前の状態が続いていると想定していたことになるが，jung の前の段階を言い表す語がない（現実ではたとえば赤ん坊という状態があるかもしれないが，言語上は jung の前の状態は想定されていない）ので，ありえない文である．一方，(7b)では想定世界では alt の状態が終わって次の状態が続いていると想定していたことになるが，alt の次の状態を表す語はない（ここでも現実では年をとって死ぬということがありえるが，言語上は alt と対立して用いられない）ので，ありえない文である．

　schon, noch に対応する否定として noch nicht, nicht mehr がある．

(8a) Schläft Peter *schon*? ― Nein, er schläft *noch nicht*. （Peter はもう眠っているの．―いいえ，まだ眠っていません．）

(8b) Schläft Peter *noch*? ― Nein, er schläft *nicht mehr*. （Peter はまだ眠っているの．―いいえ，もう眠っていません．）

これらの場合，Schläft Peter schon?, Schläft Peter noch? という疑問文が話し手の想定を示している．この想定世界に基づいて相手は noch nicht, nicht mehr を用いて答えるのである．これらを図示すると次のようになる．

(8a')

	−5	−4	−3	−2	−1	0	+1	+2	+3	+4
現実世界：		起きている								
想定世界：		起きている				眠っている				

(8b')

	−5	−4	−3	−2	−1	0	+1	+2	+3	+4
現実世界：		眠っている		起きている						
想定世界：		眠っている					起きている			

5.3. 命題外機能

(6a')(6b')と比べると,「起きている」と「眠っている」がちょうど逆転しているので, schon の否定として noch nicht が, noch の否定として nicht mehr が使われることが確かめられる.

上では schon と noch が対立して用いられる例を見た. しかし, schon に対立する意味で erst が用いられることがある.

(9a)　Es ist *schon* zehn Uhr. （もう 10 時だ.）

(9b)　Es ist *erst* zehn Uhr. （ようやく 10 時になったところだ.）

(9a)ではちょっと考えると「思ったよりも遅い」ということを表現しているようにも思える. そうすると(6a)の場合（思ったよりも早く眠っている）と矛盾するようだが, (9a)では発話時点において想定世界では前の状態（10時前）が続いていたが, 現実世界では終わって次の状態（10時）となっていると考えれば, (6a)の schon の説明と矛盾しない. erst は(6b)の noch の働きと似ており, 想定世界ではその状態（10時）が終わって次の状態（10時過ぎ）になっていたが, 現実世界ではその前の状態（10時）であることを表す. ドイツ語ではこのような場合 noch は使えない.

(9c)　*Es ist *noch* zehn Uhr.

ただし, 次のようには言える.

(9d)　Es ist *noch* vor zehn Uhr. （まだ 10 時前だ.）

noch は二つの状態しか考えられない場合に用いられ, erst はいくつかの段階が考えられる場合に用いられる. (9d)の場合には 10 時前か後かの二つしかないが, (9b)の場合には 10 時以外にいくつもの時刻が想定される.

しかし次のような場合には erst も noch も用いられる.

(10a)　Er ist *noch* Dozent. （彼はまだ講師だ.）

(10b)　Er ist *erst* Dozent. （彼はようやく講師になった.）

現実には Assistent-Dozent-Professor のようなランクがあっても, (10a)の場合には Dozent かどうかという二つの状態が想定されているのに対し, (10b)では Assistent-Dozent-Professor のような三つ以上のランクが想定されている. これも図示すると次のようになる.

副　詞

```
(10a')     −5  −4  −3  −2  −1   0  +1  +2  +3  +4
```
現実世界：　　｜　　　　　Dozent　　　　　｜
想定世界：　　｜　　Dozent　　｜　　　Professor　　　｜
```
(10b')     −5  −4  −3  −2  −1   0  +1  +2  +3  +4
```
現実世界：　　｜　Assistent　｜　Dozent　｜
想定世界：　　｜　Assistent　｜　Dozent　｜　Professor　｜

　図でわかるように erst を使う場合，現在の状態を遡行した状態を表現する語がなければならない．よって，次のように最初の段階を表す場合には用いることができない．

　(11a) Er ist *noch* ein Baby. （彼はまだ赤ん坊だ．）

　(11b)*Er ist *erst* ein Baby.

状態表現の erst, noch, schon の機能をまとめると次のようになる．

erst：　話し手は，文で表現された状態が終わって次の段階の状態になっていると想定していたことを表す（ただし，文で表現された状態となる前の段階の状態がある）

noch：　話し手は，文で表現された状態が終わって次の段階の状態になっていると想定していたことを表す

schon：　話し手は，文で表現された状態となる前の段階の状態が続いていると想定していたことを表す

（註）ここでは現在形の文に限って見てきたので，基準となる点が発話時であったが，次のように時刻を表す語句が共に用いられる場合，基準となる点がその語句が表す時点になる．

　　Er arbeitete *schon* um 7 Uhr. （彼は 7 時にはもう働いていた．）

　　Er arbeitete *noch* um 20 Uhr. （彼は 20 時にまだ働いていた．）

それぞれ 7 時，20 時の時点での想定世界と現実世界の状態が食い違っていることが表現されている．それぞれ「7 時においてまだ働いていないと想定していたのに，現実では働いていた」「20 時においてはもう働いていないと想定していたのに，まだ働いていた」ということになる．

5.3.2.3.2.　できごと表現での erst, noch, schon

　次に人間が何らかの動作をしたり，何らかの事柄が起きたりすることを表

5.3. 命題外機能

すできごと表現に erst, noch, schon が使われた場合を見てみよう.

schon は次のように完了形でごくふつうに用いられる.

(12a) Er ist *schon* angekommen. （彼はすでに到着した.）

(12b) Er hat *schon* gehört, daß sie ausziehen will. （彼女が引っ越して行くつもりだとということを彼はもう聞いている.）

行為の完了だけを表現するには完了形だけで充分で, schon は必要ない. schon が用いられているからにはそれ以上の内容が表現されていると考えられる. schon によってその文で表現されたできごとが予測よりも早く行われたことが表現されている.

このようなできごとを表す完了形の文では noch はそのままでは用いられず, noch nicht という否定の形で用いられ, schon と対立する文を成す.

(13a) Er ist *noch nicht* angekommen. （彼はまだ到着していない.）

(13b) Er hat *noch nicht* gehört, daß sie ausziehen will. （彼女が引っ越して行くつもりだとということを彼はまだ聞いていない.）

このような場合, できごとが予測に反して起こっていないことになる. できごとが起こっていないということは, それ以前の状態が続いているということである.

上で述べたような schon と noch を図示すると次のようになる. 太線は彼の到着を示す.

```
    (12a')      -4  -3  -2  -1   0  +1  +2  +3
現実世界：    ここにいない ここにいる
想定世界：            ここにいない           ここにいる
    (13a')      -4  -3  -2  -1   0  +1  +2  +3
現実世界：            ここにいない
想定世界：    ここにいない           ここにいる
```

erst は noch と違って, 否定にすることなくできごと表現に用いることができる. erst は「最初に・まず」という意味では文肢性があり, 時間副詞として用いられるが, 「ようやく・やっと」の意味では文肢性がなく, 他の時間表現と共に用いられ, しかも, schon と対立的な意味を表す. これがスケール詞としての機能である.

(14a) Er hat *schon* um 7 Uhr mit der Arbeit angefangen. （彼はすでに7時には仕事を始めた.）

(14b) Er hat *erst* um 7 Uhr mit der Arbeit angefangen. (彼はようやく7時に仕事を始めた．)

両方の文が伝える「彼が7時に仕事を始めた」というできごとに違いはない．ただ，schon の場合にはそのできごとが予測よりも早かったことを表し，erst の場合には遅かったことを表す．ここでも想定世界との関係で言うと，schon の場合にはその時点（7時）で，想定世界ではそのできごとが起こる前の状態（働いていない）であったのに，現実世界ではそのできごとが起こった（仕事を始めた）ことを表し，erst の場合，その時点（7時）で，想定世界ではそのできごとが起こった後の状態（仕事をしている）であったのに，現実世界ではそのできごとが起こった（仕事を始めた）ことを表す，ということになる．これを図式化すると次のようになる．太線が仕事を始めた時点を表す．

(14a')　　 5　 6　 7　 8　 9　 10　 11
現実世界：　│仕事前┃　　　仕事中　　　│
想定世界：　│　　仕事前　　┃　仕事中　│
(14b')　　 5　 6　 7　 8　 9　 10　 11
現実世界：　│仕事前┃　　　仕事中　　　│
想定世界：　│仕事前┃　　　仕事中　　　│

noch も時間表現と共に用いられることがある．

(15a) *Noch* im Mai/Im Mai *noch* hat er seine Dissertation abgeschlossen. (彼はまだ5月のうちに博士論文を書き終えた．)

(15b) Die Bombe explodierte *noch* vor 8 Uhr. (爆弾はまだ8時にならないうちに爆発した．)

(15a)と同じ文で schon も使うことができ，不思議なことに同じような意味になってしまう．いずれも博士論文を書き終えたのは予測よりも早かったことになるからである．

(16) *Schon* im Mai hat er seine Dissertation abgeschlossen. (彼は5月にはもう博士論文を書き終えた．)

(15a)の「彼が博士論文を書き終える」というできごとが起こったのは5月で，(15b)の「爆弾が爆発する」というできごとが起こったのは8時前である．schon の場合とは違って，たとえ im Mai という同じ表現であっても noch の場合にはある一定の時間の幅が表現されており，当初はその時間帯の後（た

5.3. 命題外機能

とえば「6月中」とか「8時以降」)にそのできごとが起こるという予測があったことが表現されている。ところが実際にはその時間帯内にそのできごとが起こった。つまり、ここでは noch は「まだそのできごとが起こった」ではなく、「そのできごとが起こったのはまだその時間帯内(5月中、8時前)だった」ということを表す。すると、この場合の noch もできごと文に使われてはいるが、「そのできごとはある時間帯内にある」という状態を表す文と同じことになる。

(15a)と(16)の文を図示すると次のようになる。(15a')ではたとえば論文を書くためにはこのような経過をたどるであろうという一つの例をあげている。(16')では太線が論文を書き終えた時点を表す。

(15a')

| 論文の経過： | 準備 | 章立て | 草稿 | 推敲 | 完成 | 提出 | ・・・ |

現実世界：　　[　　　　5月　　　　]
想定世界：　　[　　5月　　|　　6月　　]

(16')

月：　　　4　　5　　6

現実世界：　[　　■　　　　]
想定世界：　[　　　■　　　]

schon の場合には通常と同じように月の経過が基準になって、できごとがどの時点で起こったかが問題になっているのに対し、noch の場合には逆にできごとを基準として、そのときにどのような月であったかという状態が問題になっている。noch の図(15a')が(6b')と同じような位置関係になっていることに注目されたい((6b')の発話時が(15a')の「完成」に相当する)。

できごと表現の erst, schon, noch の機能をまとめると次のようになる。erst, schon ではできごとを描くために一つの基準となる時点が必要となる。ここではこの時点を「基準点」としている。

erst：　話し手は、基準点において、文で表現されたできごとが起こった後の状態だと想定していたことを表す

schon：　話し手は、基準点において、文で表現されたできごとが起こる前の状態だと想定していたことを表す

noch においては、erst, schon とは異なり、できごとが基準となり、期間が述べられる対象となる。

noch：話し手は，文で表現されたできごとが起こったとき，文で表現された期間が終わって次の期間になっていると想定していたことを表す．

(補足1)
　schon には次のような言い回しがある．
　　Ich komme *schon*. (すぐ行くから．)
この場合には schon は gleich (すぐ) と同じような意味で用いられている．未来のある時点において，聞き手は話し手がまだ来ないと予測しているだろうと話し手は想定する．しかし，現実にはその時点ですでに来る，つまり予測よりも早く来るということを表現することになる．gleich の場合には現在から短い時間が経過することを表すが，schon の場合には聞き手の予測との関係で述べられている．

(補足2)
　noch はできごと表現でも次のような場合には時間表現なしで用いられる．
　　Ich komme *noch* darauf zurück. (それについては後でまた触れます．)
この場合は現在形だが，実際には未来のことが表現されている．これまで何らかの話が続いていたが，今そのテーマが変わろうとしている．すると当然これまでのテーマは終わると予測されるのに，現実世界では後でその延長としてまたそのテーマに言及されることが表現されている．ここでもこれまで続いた行為（続いた行為は状態と同じように考えられる）が後でまだ継続することを表現していると言える．

5.3.2.3.3. 時間関係以外を表す erst, noch, schon

　schon と erst は時間的なものだけではなく，なんらかの段階を表すものと共に用いられることもある．

　　(17a) *Schon* der Gedanke daran macht mich krank. (私はそのことを考えるだけで病気になってしまう．)
　　(17b) *Erst* ein Diamant würde sie zufriedenstellen. (ダイヤでもなければ彼女を満足させはしない．)

　(17a)では，ふつうは過労など何らかのことを実際に行ってから病気になるものだが，ここではそれ以前の「考える」段階で病気になると述べられている．つまり，病気になる段階が話し手が想定していたよりも前であるとさ

れているのである．(17b)では花だとか，ハンドバックなどの贈り物，あるいはダイヤまでいかなくてもルビーやサファイアなどで満足すると想定されるのに，彼女の場合にはダイヤでなければならないという．ここでは満足する段階が想定より後のものとされている．時刻の場合と同様に図示すると次のようになる．

(17a')　　考えること―――行為を始める―――行為を終える
現実世界：
想定世界：
(太線が「私が病気になる」段階を示す．)

(17b')　　花―――ハンドバック―――ルビー―――ダイヤ
現実世界：
想定世界：
(太線が「彼女が満足する」段階を示す．)

このような用法では，時間関係ではない値の上下が問題になっているが，スケールとして考えれば時間を表す erst, schon と同じようにとらえることができる．

(補足)

noch にも一見時間と無関係そうな例があるが，状態表現での noch の機能で説明できる．

　　Sie hat *noch* einen Teller Suppe gegessen.　（彼女はスープをもう一皿飲んだ．）

これは行為が続いていて，それが終了すると想定していたのにさらに継続していることを表す．幾人かが同じ行為をし，さらにそれに別の人が加わる場合も noch が用いられる．たとえば，次の場合は「人が来る」という行為が繰り返されると考えると，継続の一種ととらえられる．

　　Wer kommt *noch*?　（あと誰が来るの？）

5.3.3.　否定機能（否定詞）

「否定」とは何かということは人によって定義が異なる．しかし，どのような立場でも「否定」が成り立つためには「肯定」があることが前提とされて

いる．すなわち，最初から否定があるのではなく，肯定があるから否定があるのである．

たとえば，Er schläft nicht.（彼は眠っていない）という文が初めからあるのではない．もしその内容を表したいのなら否定は使わずに，Er ist wach.（彼は起きている）のように表現することができる．Er schläft nicht. と表現されるのは，その前に Er schläft.（彼は眠っている）ということが話題になったか，話し手がそれを思い浮かべていたからである．いずれにせよ，話し手の想定世界の中には er schläft という命題があった．ところが，現実はそうではなかったので，Er schläft nicht. という表現が出てきたのである．ここでは「否定」は想定世界と現実世界の食い違いを表す表現手段と考える．

否定についての詳しい解説は本シリーズ第Ⅱ期「アスペクト・否定」の中で行うので，本書ではその概略のみを示す．

5.3.3.1. 否定の方法

ドイツ語にはさまざまな否定の方法があるが（→ 1.2.39.），本書の対象になるのは否定詞 nicht と次のような否定副詞である．否定副詞は空間副詞，時間副詞の一種である．それらは，その文で述べられる事柄が起こる空間，時間がないことを表現することによって，結果的にその事柄が起こらないことを表す．

否定の空間副詞：nirgend[s], nirgend[s]wo, nirgend[s]wohin, nirgend[s]-
　　　　　　　woher, nirgend[s]hin, nirgend[s]her
否定の時間副詞：keinmal, nie, niemals, nimmer, nimmermehr
その他の否定副詞：keinesfalls, keinenfalls, keineswegs, mitnichten；auf
　　　　　　　keinen Fall, in keinem Fall

副詞の中で純粋に否定機能のみを持つものは nicht である．否定副詞が文肢性を持つのに対し，nicht はそれ自体では文肢にならず，他の要素と共に一つの文肢を形作る．

5.3.3.2. nicht の位置と否定の焦点

5.3.3.2.1. nicht の位置

nicht は文においていろいろな場所に置かれるが，文肢性はなく，単独では

文頭に置かれない．

- (1a) *Nicht* mein Freund hat das Buch heute früh auf dem Tisch gefunden. (その本を今朝机で見つけたのは私の友達ではない．)
- (1b) Mein Freund hat *nicht* das Buch heute früh auf dem Tisch gefunden. (私の友達が今朝机で見つけたのはその本ではない．)
- (1c) Mein Freund hat das Buch *nicht* heute früh auf dem Tisch gefunden. (私の友達がその本を机で見つけたのは今朝ではない．)
- (1d) Mein Freund hat das Buch heute früh *nicht* auf dem Tisch gefunden. (私の友達がその本を今朝見つけたのは机の上ではない．)
- (1e) Mein Freund hat das Buch heute früh auf dem Tisch *nicht* gefunden. (私の友達はその本を今朝机で見つけなかった．)
- (1f) *Nicht hat mein Freund das Buch heute früh auf dem Tisch gefunden.

しかしながら，nicht の位置は任意というわけではない．基本的には nicht は否定しようとする要素の直前に置かれる．この nicht が否定している要素を nicht の「焦点」と呼ぶ．上の(1a)～(1e)では下線部が nicht の焦点となっている．

nicht は常に焦点の直前に置かれるとは限らない．以下の文では下線部が強く発音され，焦点であることが示される．(Engel 1988：792)

- (2a) Sein Vater war in jener Zeit *nicht* für die Partei tätig. (彼のお父さんが政党のために働いていたのはその時ではなかった．)
- (2b) Sein Vater war in jener Zeit *nicht* für die Partei tätig. (彼のお父さんがその時働いていたのは政党のためではなかった．)
- (2c) Sein Vater war in jener Zeit *nicht* für die Partei tätig. (彼のお父さんはその時政党のために働いていなかった．)
- (2d) Sein Vater war in jener Zeit *nicht* für die Partei tätig. (その時政党のために働いていたのは彼のお父さんではなかった．)

5.3.3.2.2. 文否定と部分否定

一般に「文否定」(Satznegation)と「部分否定」(Sondernegation)または「文肢否定」(Satzgliednegation)の2つが区別される．

- (3a) Alle Studenten waren *nicht* fleißig. (すべての学生が勤勉でな

かった.)

 (3b) *Nicht* alle Studenten waren fleißig.（すべての学生が勤勉だったわけではない.)

 (3a)の場合，nicht は「すべての学生が勤勉だ」という文全体を否定しており，(3b)では nicht は alle のみを否定しているとされる．よって，(3a)では勤勉な学生はいなかったことになるが，(3b)ではほとんどの学生が勤勉だったが，勤勉でない学生もいたということになる．「学生は勤勉だった」ということに関して(3a)では完全に否定されているが，(3b)で完全に否定されているわけではないので，(3a)のような場合を文否定，(3b)のような場合を部分否定と言う．

 文否定と部分否定の違いが常に表面に現れるわけではない．たとえば，次のような文は少なくとも二通りに解釈できる.

 (4a) Peter ist *nicht* nach Frankfurt gefahren.（Peter はフランクフルトへは行かなかった./Peter はフランクフルトへ行かなかった.)

 この場合，nicht は nach Frankfurt のみを焦点としている場合もあるし，nach Frankfurt gefahren ist を焦点としている場合もある．nach Frankfurt のみを焦点としているときには「Peter はフランクフルトへは行かなかった」という意味になり，ふつう部分否定とされる．たとえばこのことは次のような文を続ければ明らかになる．

 (4b) Peter ist *nicht* nach Frankfurt gefahren, sondern nach München.（Peter はフランクフルトではなく，ミュンヘンへ行った.)

 これに対し，nach Frankfurt gefahren ist 全体を否定しているときには「Peter はフランクフルトへ行かなかった」となり，文否定とされる．それはこの場合定動詞を否定の焦点に含み，そのできごとが起らなかったことを表すからである．

 部分否定は否定される要素の直前に nicht が置かれるが，文否定は基本的に動詞を否定する．主文の場合，nicht を文末に置くことによって定動詞が否定される．副文の場合には定動詞の前に nicht を置く．助動詞がある場合には不定詞や過去分詞の前に置く．

 (5a) Er arbeitet *nicht*.（彼は働いていない.)
 (5b) Ich weiß, daß er *nicht* arbeitet.（彼が働いていないのを私は知っている.)

(5c)　Er wird *nicht* arbeiten.　（彼は働かないだろう．）
(5d)　Er hat *nicht* gearbeitet.　（彼は働かなかった．）

その他注意すべき文否定の nicht の位置がある．分離前つづりがある場合には文否定の nicht はその前に置く．

(6)　　 Er reist *nicht* ab.　（彼は旅立たない．）

冠詞をとらず，動詞と一体となり一つの意味を表す4格目的語がある場合には文否定の nicht はその前に置く．

(7a)　Er fährt *nicht* Auto.　（彼は車を運転しない．）
(7b)　Er spielt *nicht* Klavier.　（彼はピアノを弾かない．）

〈sein＋述語内容詞〉がある場合には文否定の nicht は述語内容詞（名詞または形容詞）の前に置く．

(8a)　Er ist *nicht* Lehrer.　（彼は先生ではない．）
(8b)　Er ist *nicht* krank.　（彼は病気ではない．）

前置詞目的語がある場合には文否定の nicht はその直前または後に置く．

(9)　　 Er erinnert sich *nicht* an die Dame./Er erinnert sich an die Dame *nicht*.　（彼はその婦人のことを覚えていない．）

補足成分（→ 5.2.2.2.1.1.）となる副詞的要素がある場合には文否定の nicht はその直前に置く．

(10a)　Er wohnt *nicht* in Berlin.　（彼はベルリンに住んでいない．）
(10b)　Die Sitzung dauerte *nicht* lange.　（会議は長く続かなかった．）
(10c)　Er verhielt sich *nicht* ruhig.　（彼は冷静に振舞わなかった．）

添加成分（→ 5.2.2.2.1.2.）となる場所副詞がある場合には文否定の nicht はその直前または後に置く．

(11)　　Ich traf ihn *nicht* dort./Ich traf ihn dort *nicht*.　（私は彼にそこで会わなかった．）

5.3.3.3.　否定の意味を表さない nicht

nicht には否定の意味を表さない用法もある．

○ **特定の感嘆文における nicht**

(12a)　Was du *nicht* sagst！　（君は何てことを言うんだい！）
(12b)　Was du *nicht* alles weißt！　（君は何でも知っているんだなあ！）
(12c)　Was es da *nicht* alles gab！　（そこには何でもあったんだなあ！）

was ... nicht alles で驚きなどを表現する．ここでは nicht は心態機能を持っている（→ 5.3.5.4.2.2.6.）．
○動詞の意味によるもの
　warnen（警告する）のような動詞では，「～しないように」という意味を表すので nicht を入れることがあるが，しばしば誤りとされる．
　　　(13)　Ich warnte ihn, *nicht* noch mehr zu trinken.（私は彼にこれ以上飲むなと警告した．）
Duden(1995：696)によると，これは次のような動詞において起こることがある．
断念・妨害・拒否等を表す動詞：abhalten（妨げる），sich in acht nehmen（警戒する），ausbleiben（生じない），sich enthalten（やめる），fürchten（恐れる），hindern（妨げる），sich hüten（用心する），verhindern（阻止する），verhüten（防止する），verweigern（拒否する）...
禁止・警告等を表す動詞：abraten(思いとどまるよう忠告する)，untersagen（禁じる），verbieten（禁じる），warnen（警告する），widerraten（思いとどまるよう忠告する）...
否定・疑惑等を表す動詞：bestreiten（異論をとなえる），bezweifeln（疑う），leugnen（否定する），zweifeln（疑う）...
○ **bevor, ehe** の副文における **nicht**
　bevor や ehe の副文が「～するまでは」の意味になるとき，nicht が入れられる．これを「～しない前は」とは解釈できない（「～しないうちには」という日本語には相当する）．
　　　(14a)　Bevor die Kinder *nicht* zu Hause waren, ging die Mutter nicht schlafen.（子供たちが家に帰るまで母親は眠らなかった．）
　　　(14b)　Ehe ihr *nicht* still seid, werde ich die Geschichte nicht vorlesen.（君たちが静かにしないうちはお話を読んであげないよ．）
○ 疑問文における **nicht**
　疑問文に使われた次のような nicht は否定の意味を表しているとも言えるが，それがなくても同じような意味を表す．
　　　(15a)　Können Sie mir helfen？（手伝ってくれますか．）
　　　(15b)　Können Sie mir *nicht* helfen？（手伝ってくれないのですか．）
両方とも話し手の意図していることは同じで，相手が手伝うことができる

かどうかを尋ねている．ここでは想定されていた事柄が異なる．(15a)の場合，話し手は相手が手伝ってくれるかどうか，中立的な想定をしている．それに対して，(15b)の場合には，相手が手伝ってくれると想定していたのに，現実世界ではそれに反する可能性がある場合に用いる．この時，相手が手伝ってくれないのではないかという恐れを抱いていることが表現され，結果的に肯定の返事を迫ることになる．このような疑問文の場合，平叙文ならば kein が用いられるところでも nicht が用いられる．

  (16a)　Hättest du *nicht* Lust mitzukommen？（君はいっしょに来る気はないの．）

  (16b)　Sollten wir *nicht* langsam mal eine Pause machen？（そろそろ休憩にしないか．）

○ 確認疑問の **nicht**［**wahr**］

 平叙文の終わりに nicht または nicht wahr をつけることによって，確認疑問を表す．

  (17a)　Er ist krank, nicht［wahr］？ （彼は病気なんでしょう？）

  (17b)　Du weißt das, nicht［wahr］？ （君はそれを知っているよね．）

（補足）

 以前は否定の強調のために二重否定が用いられることがあった．

  Der Gesunde bedarf *keines* Arztes *nicht*. （健康な者には医者はいらない．）

 現代では二重否定は肯定になる．

  Kein einziger ist *nicht* gekommen. （来なかった者はなかった．）

5.3.4. 話法機能（話法詞）

 想定世界における命題が現実世界に一致するかどうかに関する話し手の判断を表したり，命題に対する話し手の心情や評価を表したりする機能を「話法機能」と呼び，その機能をもった副詞を「話法詞」と呼ぶことにする．たとえば

  (1a)　Er ist gestern gekommen. （彼は昨日来た．）

  (1b)　Er ist krank. （彼は病気だ．）

という文はそれぞれできごとや状態を事実として表現している．これにたと

えば vermutlich という話法詞をつけ加えれば，客観的事実ではなく，話し手の推量として表現される．(2a)(2b)は聞き手に(1a)(1b)よりは事実性が低いものとしてとらえられるだろう．

 (2a) *Vermutlich* ist er gestern gekommen.（おそらく彼は昨日来ただろう．）

 (2b) Er ist *vermutlich* krank.（彼はおそらく病気だろう．）

また，wirklich をつけ加えれば，

 (3a) *Wirklich* ist er gestern gekommen.（本当に昨日彼は来たのです．）

 (3b) Er ist *wirklich* krank.（彼は本当に病気なのです．）

となり，(1a)(1b)で述べられた事実を「本当のこと」として表現することになる．ただし，これは話し手が主張しているだけで，wirklich をつけた場合とつけなかった場合に，どちらの方が事実性が高いものとして聞き手に受け取られるのかは別の問題である．

さらには，leider をつけ加えれば，

 (4a) *Leider* ist er gestern gekommen.（残念ながら彼は昨日来ました．）

 (4b) Er ist *leider* krank.（残念ながら彼は病気です．）

のように，単に話し手の認識を述べるだけでなく，話し手の心情が加えて表現される．

ここに述べたものは話法詞の代表的なもので，これ以外にもさまざまな話法詞がある．話法詞以外の言語手段を使っても同じようなことは表現できるが，話法詞は話し手の判断や心情，評価等を直接に表現したものである（→ 5.3.4.4.3）．

話法詞は以前には様態副詞として扱われることが多かったし，現在でもほとんどの辞典は副詞に分類しているが，ドイツの文法書などでは一般の副詞とは区別し，独立した品詞として扱われることも多くなった．ただし，どういう基準で話法詞という品詞を立てるか，具体的にどういう語を話法詞とするのかという点について一致した見解はない．同様に何と呼ぶかということについても人によってまちまちである．ある人は Modalwort「話法詞」と呼ぶし，ある人は Satzadverb「文副詞」と呼ぶ．場合によっては Modalpartikel と呼ぶ学者もいるが，一般には doch, ja, denn などの「心態詞」が Modalpartikel と呼ばれることが多い．また，Modaladverb という言い方もあるが，これは様態副詞と区別がつかなくなるので適切ではないだろう．

5.3.4.1. 話法詞の形

話法詞は格変化はもちろん比較変化もしない（その語が形容詞として用いられた場合は別である）．話法詞はいくつかの造語要素からできているものが多い．

-lich： augenscheinlich, freilich, natürlich, offensichtlich, sicherlich, tatsächlich, vermutlich, vorgeblich, wahrscheinlich, wirklich, womöglich ...
-ig： offenkundig, unstreitig, wahrhaftig ...
-weise： bedauerlicherweise, dummerweise, erstaunlicherweise, freundlicherweise, glücklicherweise, möglicherweise ...
-bar： offenbar, scheinbar ...
-los, -ohne, un-： fraglos, unstreitig, unzweifelhaft, zweifellos, zweifelsohne ...

-lich, -ig はふつう形容詞を作る語尾であるから，これら話法詞は形容詞としても使われるものが多い．ただし，freilich, sicherlich, womöglich などは形容詞としては使われない．-los, -ohne, un- は本来否定を表す接辞であるが，上に挙げた語は，これらがつくことによってその語に含まれる「疑い」等の意味を打ち消し，文の事実性を強調する話法詞となる．-weise という接尾辞はかなり生産的で，辞典にない語が作り出されることもある（→ 5.3.4.5.2.1.2.）．

その他，anscheinend, bestimmt, selbstredend のようにもともとは過去分詞あるいは現在分詞であったと考えられるものもある．非常によく使われる vielleicht はもとは viel+leicht であったが，現在では発音も縮まって [filáıçt] となっている．

5.3.4.2. 話法詞の位置

話法詞は文の中のさまざまな位置に現れる．

(5a) *Vermutlich* hat Peter das Buch gestohlen.（おそらく Peter がその本を盗んだのだろう．）

(5b) Peter hat *vermutlich* das Buch gestohlen.（Peter はおそらくその本を盗んだのだろう．）

(5c) Peter hat das Buch *vermutlich* gestohlen.（Peter はその本をおそらく盗んだのだろう．）

話法詞が文中のさまざまな位置に現れるのは，話法詞が焦点を持ち，その直前に置かれることが多いためである．同じように焦点を持つとりたて詞，否定詞，心態詞は単独では文頭に置けないが，話法詞は(5a)のように単独で文頭に置くことができ，文肢性を持つ．なお，話法詞の位置と焦点に関しては次節（→5.3.4.3.）で述べる．

話法詞はほとんどの場合平叙文に現れ，疑問文や命令文には現れない．

(6a) *Kommt Hans *vermutlich/leider*?

(6b) *Komm *vermutlich/leider*!

ただし，話法詞によっては疑問文や命令文に使えることがある．これについては個別の話法詞の説明で触れる（→5.3.4.5.1.3.）．

話法詞はふつうは単独で文肢を形成するが，特別な場合には次のように他の要素と共に文頭に置かれることもある．これはとりたて詞，否定詞などと同じように話法詞も焦点を持つからである（→5.3.4.3.）．

(7a) *Vermutlich* Peter hat das Buch gestohlen.（その本を盗んだのはおそらく Peter だろう．）

(7b) *Vermutlich* das Buch hat Peter gestohlen.（Peter が盗んだのはおそらくその本だろう．）

話法詞は名詞句中に現れることもある．

(8a) Es sollte sich dabei um eine *wahrscheinlich* sehr lange und abenteuerliche Reise handeln. (Ende: Geschichte)（それはおそらくはとても長く冒険に満ちた旅になるはずであった．）

(8b) Eisenbeiß kehrte mit einem jungen, *offensichtlich* stark erhitzten Mann zurück. (Simmel)（Eisenbeiß はある若い，明らかに非常に興奮している男と戻ってきた．）

(8c) Kanzler Schmidt reiste nach Moskau und erntete den *vielleicht* bemerkenswertesten Erfolg seiner Regierungszeit: (Spiegel)（Schmidt 首相はモスクワに旅立ち，彼の在職期間のひょっとしたら最も注目すべきと言ってもよい成果をあげた．）

5.3. 命題外機能

5.3.4.3. 話法詞の焦点

話法詞を含む文(9a)は(9b)のように書き換えられる(ただし,(9b)の wahrscheinlich は形容詞であり，意味が完全に同じというわけではない).

(9a) Peter kommt *wahrscheinlich*.

(9b) Es ist *wahrscheinlich*, daß Peter kommt.

(9a)では wahrscheinlich は一見,様態副詞などと同じように用いられているが，(9b)では es は daß Peter kommt を受け，その es に関して wahrscheinlich であると述べられていることがわかる．つまり wahrscheinlich は動詞 kommt だけではなく，Peter kommt 全体に関係しているのである．すると(9a)の文は次のように図示できる．

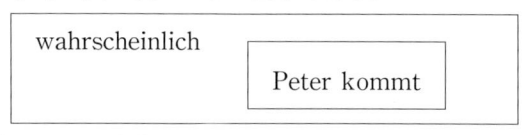

```
wahrscheinlich ┌─────────────┐
               │ Peter kommt │
               └─────────────┘
```

次のように決定疑問文に対して話法詞だけで答えることができるのも，上のような関係になっているため wahrscheinlich だけで Wahrscheinlich kommt Peter. を意味することになるのだと説明することができる (→ 5.3.4.4.2.).

(10) Kommt Peter？— *Wahrscheinlich*. (Peter は来るの？—おそらく.)

これに対して，たとえば Peter kommt pünktlich. というような様態副詞の文は次のような書きかえはできない．

(11a) Peter kommt *pünktlich*.

(11b) *Es ist *pünktlich*, daß Peter kommt.

これは pünktlich が kommt に関する様態だけを表しているためである．

このように話法詞はそれを除いた文全体で表される事柄について述べるものであるから Satzadverb「文副詞」と呼ばれることもある．ただし，その文の中でも特に一つの要素をとりあげて，それに関して判断を述べるのがふつうである．たとえば Er kommt *wahrscheinlich* morgen. という文では er kommt morgen という事柄が wahrscheinlich だとされているが，この場合 er kommt というのは間違いないとされていて，その中でも特に morgen が wahrscheinlich だと述べられている．このように話法詞が作用する要素を話

法詞の「焦点」と呼ぶ．

5.3.4.2.で話法詞が文のさまざまな位置に置かれることを見た．位置によって話法詞の焦点が異なることが明らかである．

(12a) Peter hat *vermutlich* das Buch gestohlen.

(12b) Peter hat das Buch *vermutlich* gestohlen.

(12a)では「Peterが何かを盗んだ」という前提の元で「本だ」と述べられている．つまりdas Buchが焦点となる．(12b)では「Peterが本をどうにかした」が前提となり，「盗んだ」と述べられる．ここではgestohlenが焦点である．つまり話法詞は焦点となる要素の直前に置かれるということになる．

ただし，いくつかの語が集まって一つの意味単位となっている場合にはその全体の前に置かれるのがふつうである．たとえば〈冠詞＋形容詞＋名詞〉という単位の前に置かれている場合には，名詞句全体を焦点とすることもあるし，形容詞のみを焦点とすることも，名詞のみを焦点とすることもある．ただし，特に形容詞を焦点とすることをはっきりさせる場合には名詞句中に置かれることもある．(13b)ではzweifellosがgutenを焦点とすることが明確である．

(13a) Er hat *zweifellos* einen guten Aufsatz geschrieben.

(13b) Er hat einen *zweifellos* guten Aufsatz geschrieben.

話法詞が単独で文頭に置かれた場合には，話法詞はさまざまな焦点を持つ可能性がある．

(14) *Vermutlich* hat Peter das Buch gestohlen.

この文はどの語が強く発音されるかによって，表す内容が変わってくる．「Peterが何かを盗んだ」という前提があり，「それはあの本だろう」ということを表すときにはdas Buchが強く発音され，「Peterが何かをした」が「それは盗みだろう」ということであれば，gestohlenが強く発音される．さらには「だれかが本を盗んだ」という前提で「それはPeterだ」ということであれば，Peterが強く発音される．つまり，話法詞が焦点から離れていても，焦点となる要素が強く発音されることによって，それが焦点であることが明らかになる．

ここまで主として事実に関して判断を表す話法詞とその焦点について見てきたが，その他の話法詞についても同様のことが言える．leiderは話し手の心情を表現する．

5.3. 命題外機能

 (15a) Peter hat *leider* das Buch gestohlen. (Peter は残念ながらその本を盗んだ．)

 (15b) Peter hat das Buch *leider* gestohlen. (Peter はその本を残念ながら盗んだのだ．)

(15a)では，leider は das Buch を焦点とし「Peter が盗みをしたが，(特に)その本だったのが残念だ」という意味を表す．あるいは das Buch gestohlen を焦点とし，「その本を盗んだ」ことが残念だとされている場合もある．(15b)の場合は leider は gestohlen を焦点とし，「Peter がその本を手に入れたが，盗んだのは残念だ」ということを表す．(12a)や(12b)とは違って，これらの場合「Peter が本を盗んだ」という認識を話し手が持っていることに変わりはないが，「残念だ」と述べる話し手の意識がその中でも特にどの要素に向いているのかについて違いがある．

 文頭に用いられた場合には，(14)と同様にどの語が強く読まれるかによって焦点が異なってくる．

 (16) *Leider* hat Peter das Buch gestohlen. (残念ながら Peter がその本を盗んだ．)

Peter が強く読まれると「その本を盗んだのが Peter だったことが残念だ」という意味になるし，das Buch が強く読まれると(15a)と同じような意味を表し，gestohlen が強く読まれると(15b)と同じような意味を表す．

5.3.4.4. 話法詞の詳細

 話法詞の目に見える特徴として「文肢性」と「文性」を挙げることができる．そして，意味的な特徴として「話し手の心的態度」ということを指摘できる．

5.3.4.4.1. 文 肢 性

 5.3.4.2.で見たように話法詞は単独で文頭に置くことができる．話法詞は空間副詞，時間副詞，様態副詞と同様に文肢性（→ 5.2.1.1.）を持つ．ただし，推量を表す話法詞 wohl には文肢性はない（→ 5.3.4.5.1.3.3.）．

 (17a) *Wahrscheinlich* kommt Peter. (たぶん Peter は来るだろう．)

 (17b)＊*Wohl* kommt Peter.

5.3.4.4.2. 文　　性

　空間副詞，時間副詞，様態副詞などは疑問詞で尋ねることができ，単独で補足疑問文の答えになるが，決定疑問文の答えとはならない．これに対し，話法詞は疑問詞で尋ねることはできないし，補足疑問文の答えにもならない．ただし，話法詞は単独で決定疑問文の答えとなる．本来，話法詞単独では具体的な命題となる内容を持たないので，この場合にはその中に決定疑問文の命題を含んでいると考えられる．たとえば(19b)では er kommt morgen という命題に関して，vielleicht, leider と述べられているのである．つまり，話法詞は一語で一つの文に相当する内容を持つことになる．本書ではこれを「文性」と呼ぶ．話法詞は文性を持つということになる．

(18a)　A : Wie kommt er?　（彼が来るときはどんな風ですか．）
　　　　B : *Pünktlich*.［様態副詞］（時間通りに来ます．）
(18b)　A : Wie kommt er? B : *Vielleicht/*Leider.［話法詞］
(19a)　A : Kommt er morgen? B : *Plötzlich.［様態副詞］
(19b)　A : Kommt er morgen?　（彼は明日来ますか．）
　　　　B : *Vielleicht*/*Leider*.［話法詞］（ひょっとしたらね./残念ながらね.）

　ただし，すべての話法詞が文性を持つというわけではない．Engel(1988：763)によると次のような語は単独で決定疑問文の答にはならない（本書で話法詞としないものは省いた）．

　bedauerlicherweise（残念ながら），begreiflicherweise（当然のことながら），beispielsweise（たとえば），eigentlich（そもそも），erstaunlicherweise（驚いたことに），glücklicherweise（幸いにも），gottlob（ありがたいことに），überhaupt（一般に），unglücklicherweise（不幸にも），wohl（…だろう），womöglich（もしかしたら）

5.3.4.4.3. 話し手の心的態度

　「話し手の心的態度」というのは話し手の主観的判断や心情，評価などのことである．それは，ある命題が事実かどうかということについてどのような判断を持っているか，ある命題に対してどのような心情をいだいているか，どのような評価を下しているかなどが表現されたものである．話し手は自分の主観的判断や心情・評価であっても客観的な事実として述べることができ

5.3. 命題外機能

るが，話法詞は主観的判断や心情・評価を事実としてではなく，直接表現したものであると考えられる．

たとえば，「きのう彼は部屋にいた」ということが事実と判明していないときに「きのう彼は部屋にいたと思われる」と述べることもあるし，「きのう彼はおそらく部屋にいただろう」と述べることもある．前者の場合，何らかの証拠があり，たとえば「だって私が通りかかったときに明かりがついていたから」と続けることができる．これは「…と思われる」ということを一つの事実として述べているからである．これに対して後者の場合，必ずしも証拠は必要でなく，話し手の単なる推量を述べたに過ぎない．「だって私が通りかかったときに明かりがついていたから」と続けることはむしろ不自然である．日本語のこの「おそらく…だろう」は話し手の推量を直接表現したものと考えられる．

話法詞が話し手の心的態度の表現であるということはさまざまな現象から裏付けられる．

○否定の対象にならない

話法詞はふつう否定の対象にならない．話し手が自分自身の判断や心情・評価を表現しながら，同時にそれを否定するということには矛盾があるからである．

　　(20) *Er kommt nicht *wahrscheinlich/leider*.

(註) ただし，相手の使った話法詞に対して反対の見解を述べるような場合には否定が可能である．これはいわば引用されたような形になる．
　　Er kommt nicht *wahrscheinlich*, sondern *vielleicht*. （彼はおそらく来るというのではなくて，ひょっとしたら来るんだ．）
　　Frau Fischer und Herr Blunck haben vermutlich ein Verhältnis. — Die haben nicht *vermutlich* ein Verhältnis, sondern ganz *sicher*. Sie hat mir nämlich erzählt. （Fischer さんと Blunck 氏はたぶん関係があるわ．—「たぶん」じゃなくて「かなり確実に」だね．だって彼女が僕にそう言ったんだから．）

○疑問の対象にならない

話法詞はふつう平叙文に用いられ，疑問文に用いられることは少ない．話

法詞は話し手自身の判断や心情・評価を表現するため、それを相手に尋ねるのは奇妙である。疑問の対象にならない場合は疑問文に用いられることもあるが、これについては後述する(→ 5.3.4.5.1.3.2.)。

(21a) *Kommt er *wahrscheinlich/leider*?

話法詞は様態副詞のように疑問詞で尋ねることもできない。

(21b) Wie ist er gekommen? — Er ist *schnell* gekommen.［様態副詞］(彼はどういうふうに来たの？— 急いで来たよ。)

(21c) Wie ist er gekommen? — *Wahrscheinlich.［話法詞］

○代用表現がない

(22) Er kommt *vermutlich*. →× Er kommt *so*.

「代用表現」とは名詞、形容詞などの代わりとなる表現である。たとえば代名詞は名詞の代用表現として働く。soは形容詞や副詞の代用表現と考えられるが、話法詞はこれに置きかえることができない。代用表現というのは話し手と聞き手が共有することができる内容を指すものだと言えるだろう。話法詞が話し手の心的態度の表現であるため、それを客観的な代用表現にすることができないのだと考えられる。

次のように代名詞が指す内容に含まれることもない。

(23) A: Peter kam *dummerweise* zu spät. (Peterは愚かにも遅れてきた。)

B: Nein, das stimmt nicht. (それは違うよ。)

この場合、Bのdasはdummerweiseを含まず、Er kam zu spät.を指すと考えられる。

(註) 次のような会話と比べてみることにより、(23)のdasにはdummerweiseが含まれないことが理解できるだろう。

A: Es ist dumm, daß Peter zu spät kam. (Peterが遅れてきたのは愚かなことだ。)

B: Nein, das stimmt nicht. (それは違うよ。)

この場合は「Peterが遅れてきた」ことではなく、「愚かなことだ」ということに反論がされている。

以上のように話法詞の使用に制限があるのは、話法詞が話し手の心的態度

の表現であるからである．

5.3.4.4.4. 話法詞と想定世界・現実世界

話法詞は現実世界の事柄を表すのではない．たとえば *Wahrscheinlich* ist er krank.（たぶん彼は病気だろう）では，想定世界における命題 er ist krank が現実世界に完全に一致するのではなく，wahrscheinlich という条件において現実世界にあてはまることを表す．wahrscheinlich 自体は想定世界にも現実世界にも属さない．また，*Leider* ist er krank.（彼は残念ながら病気です）では er ist krank という想定世界の命題が現実世界に一致するとして表現されており，それに leider という話し手の心情が加えられている．leider も wahrscheinlich と同様に，想定世界にも現実世界にも属さない（→ 5.1.3.2.）．

このように話法詞は想定世界の命題に対して話し手の判断，心情，評価などを表すものである．

5.3.4.5. 話法詞の種類

ここでは，想定世界の命題がどういうふうに現実世界にあてはまるのかという話し手の判断を表す話法詞を「話し手の判断に関わる話法詞」と呼び，想定世界の命題に対して話し手の心情・評価を表すものを「話し手の心情・評価に関わる話法詞」と呼ぶ．なお，特殊なものとして，話し手がその文をどのような立場にたって，あるいは，どのような範囲で述べるかということを表すものがある．これは「述べ方に関わる話法詞」と呼ぶ．

5.3.4.5.1. 話し手の判断に関わる話法詞

話し手の判断に関わる話法詞には，事実判断の話法詞，事実主張の話法詞，判断留保の話法詞がある．

5.3.4.5.1.1. 話し手の判断に関わる話法詞の種類

5.3.4.5.1.1.1. 事実判断の話法詞

事実判断の話法詞は想定された命題の真実性に対する話し手の判断を示すものであるが，その判断の示し方に大きく二つの種類がある．

副　詞

　一つは想定された命題の事実性に関して単に話し手がどのように判断しているのかを表すものである。この場合，どのようにしてその判断に至ったかは明らかにされない。これを以下では「確信」「推量」「可能性」に分けて整理する。

　もう一つはその命題を想定するに至った原因を示して事実性に対する判断を表そうとするものである。その原因はもっぱら目に見える状況であるが，その中には状況を肯定的にとらえて命題が「明白」であるとするものと，逆に否定的にとらえて「外見上」と命題に制限をつけるものがある。

　事実判断の話法詞によって，聞き手はその命題の事実性が高いとか低いとかいう理解をすることになるが，話法詞自体は話し手がその命題をどのようにとらえているかという違いを表す。事実性の高さはその結果として出てくるものである。

○確信

　話し手は想定した命題が事実だと確信していることを表現する。

　bestimmt（きっと），gewiß（確かに），sicher（きっと），sicherlich（きっと）

　　(24a) Ich würde sie ganz *bestimmt* verlieren.（Simmel）（［そんなことをしたら］私はきっと彼女を失ってしまうだろう。）

　　(24b) Ich sah Bücherwände und Kinder — *gewiss* ein Dutzend.（Simmel）（私は本棚と子供たちを見た。確かに12人ほどいただろう。）

　　(24c) Aber an deine kleinen niedlichen Eltern erinnerst du dich *sicher* noch.（Kästner: Mann）（でも君の小さなかわいいご両親のことはきっとまだ覚えているでしょう。）

　　(24d) *Sicherlich* gab es doch auf diesem Speicher elektrisches Licht.（Ende: Geschichte）（きっとこの倉庫にも電灯くらいはあっただろう。）

　あとで見るように bestimmt, gewiß, sicher は事実主張の話法詞としても用いられる（→5.3.4.5.1.3.1.）。

○推量

　想定された命題が話し手の推量の域を出ないことを表す。

　höchstwahrscheinlich（十中八九），mutmaßlich（察するところ），vermut-

5.3. 命題外機能

lich（おそらく）, wahrscheinlich（たぶん）, wohl（…だろう）

(25a) Auch hatte bereits 1963 der Facharzt für Nerven- und Gemütskranke, Johann Recktenwald, den Befund veröffentlicht, Hitler habe *mutmaßlich* an »Spät-Parkinsonismus« gelitten. (Spiegel) （さらにすでに1963年には神経症・感情疾患の専門医であるJohann Recktenwaldが，Hitlerはおそらく末期のパーキンソン病を患っていただろうという所見を公表していた．）

(25b) Aber eines Tages sprach es sich bei den Leuten herum, daß neuerdings jemand in der Ruine wohne. Es sei ein Kind, ein kleines Mädchen *vermutlich*. (Ende: Momo) （しかしある日人々の間に，近頃廃墟に誰かが住んでいるといううわさが広まった．それはこどもだ，たぶん女の子だ，という話だった．）

(25c) Gegenstände wie Öfchen und Luftballon, *wahrscheinlich* auch Paketchen werden dem Vertreter der Psychoanalyse als erotische Symbole erscheinen. (Leisi) （ストーブや風船のようなものは，そしておそらくは小包まで，心理分析の擁護者にはエロチックなシンボルと映るのだろう．）

(25d) Das älteste und nach seinem Einfluß *wohl* bedeutendste ist das Hohelied der Bibel, [...] (Leisi) （もっとも古く，そしてその影響がゆえにおそらくはもっとも重要なものは聖書の雅歌である．）

(25b)は焦点の後に話法詞が置かれた例である．wohlは文アクセントを持たないときには(25d)のように推量を表すが，文アクセントを持つと事実主張の話法詞となる（→5.3.4.5.1.3.3.）．

○可能性

想定された命題をひとつの可能性として表現する．話し手は別の可能性を排除しない．

eventuell（場合によっては），möglichenfalls（もしかすると），möglicherweise（もしかすると），vielleicht（ひょっとしたら），womöglich（もしかすると）

(26a) Er kommt *eventuell* erst morgen. （彼は場合によっては明日にならないと来ないかもしれない．）

(26b) Der Sprecher sagte, Präsident Reagan sei unverändert gegen

副　詞

Santkionen und werde *möglicherweise* sein Veto einlegen.（スポークスマンは，Reagan 大統領は相変わらず制裁に反対で，もしかすると拒否権を発動するかもしれないと言った．）

(26c) *Vielleicht* gelang es nicht einmal, ihn überhaupt nach Hause zu bringen, [...] (Kafka)（ひょっとすると彼を家に連れてくることさえもうまくいかなかったかもしれない．）

(26d) Das war *womöglich* noch untertrieben. (Spiegel)（それはもしかするとまだ控え目だったのかもしれない．）

○明白

目に見える状況を基に想定された命題であるため，現実世界に一致すると判断されるとする．

augenscheinlich（見たところ…らしい），offenbar（明らかに…らしい），offenkundig（明らかに…らしい），offensichtlich（明らかに…らしい）

(27a) Irgend jemand mußte seine Ankunft *offenbar* angekündigt haben, denn er wurde bereits von fünf kaiserlichen Tierwärtern erwartet, [...] (Ende : Geschichte)（だれかが彼の到着を告げたに違いないようだった．なぜなら，五人の皇室の飼育係がもう彼を待っていたからである．）

(27b) Da die Ölindustrie *offenkundig* noch nicht sicher ist, ob alles so ernst gemeint ist mit dem bleifreien Benzin, scheut sie vor den nötigen Investitionen zurück. (Spiegel)（無鉛ガソリンに関してすべて本気で考えられているのかどうかについて石油産業は明らかに確信を持っていないようなので，必要な投資にしりごみをしている．）

(27c) In der Mitte dieser Tafel war ein Loch, *offensichtlich* mit Werkzeugen herausgeschnitten. (Ende : Geschichte)（その岩板の真中に穴があった．明らかに道具で削ったもののようだった．）

○外見上

目に見える状況を基に想定された命題であるが，話し手は積極的には事実だと判断していないことを表現する．scheinbar の場合はそう見えても話し手はそうでないと思っているという場合もある．

anscheinend（どうやら…らしい），scheinbar（見かけ上は／どうやら…らしい）

(28a) Gerade in diesem zweiten Fall ist die Zahl der Argumente *anscheinend* ziemlich beschränkt. (Leisi) （まさにこの第二の場合に論証の数は見たところかなり限られているらしい．）

(28b) deshalb folgte sie geduldig und Schritt für Schritt der Schildkröte auf ihrem *scheinbar* so verworrenen Weg. (Ende: Momo) （それゆえ彼女は忍耐強く一歩一歩その見かけ上はその錯綜した道の上を亀に従った．）

5.3.4.5.1.1.2. 事実主張の話法詞

想定された命題が事実であると主張するものである．ただし，事実の主張の仕方はさまざまでここでは七つに分けた．

○疑念なく

その命題に疑いをはさむ余地がないとすることで事実性を主張する．
fraglos（疑念の余地なく），unbezweifelbar（疑いようもなく），unzweifelhaft（疑いもなく），zweifellos（疑いもなく），zweifelsfrei（疑いの余地もなく），zweifelsohne（疑いもなく）

(29a) Er ist *fraglos* der beste Schüler. （彼は疑いもなく最も優秀な生徒だ．）

(29b) [...], der Umsatz hatte sich verfünffacht, ein weiterer Fortschritt stand *zweifellos* bevor. (Kafka) （売上は五倍になっていた．さらなる発展が疑いもなく目の前にあった．）

(29c) Dieser Stoff, der auch beim Rauchen inhaliert wird, ist *zweifelsfrei* ein Krebserreger. (Spiegel) （喫煙の時にも吸い込まれるこの物質は疑いもなく発癌物質である．）

○議論の余地なく

議論の余地もないほど確かなものであるとする．
unbestreitbar（議論の余地もなく），unbestritten（議論の余地もなく），unstreitig（議論の余地もなく），unstrittig（議論の余地もなく）

(30a) Das war *unbestreitbar* der beste Vortrag. （それが最もよい講演であったことは議論の余地もない．）

(30b) *Unstreitig* ist er ein bedeutender Komponist der Gegenwart. （彼は現代の重要な作曲家であることは議論の余地もない．）

副　詞

○もちろん

根拠を示さず，単に当然であるとすることにより，疑いの余地を与えない．「もちろん…であるが，…」のように用いられるものもある．その場合，あとに aber などを伴う文が続くことがある．

freilich（もちろん），natürlich（もちろん），selbstredend（言うまでもなく），selbstverständlich（もちろん）

(31a) Yvonne *freilich* hatte nicht ein einziges Mal während unserer langen Ehe ein Essen zubereitet.（Simmel）（Yvonne はもちろん私たちの長い結婚生活の間一度たりとも食事の用意をしたことはなかった．）

(31b) Ich weiß *natürlich* nicht genau, wie einem als Fleischermeister und Großvater zumute ist.（Kästner: Miniatur）（もちろん私は人が肉屋のマイスターとして祖父としてどんな心持ちなのかは正確にはわからない．）

(31c) Du kannst *selbstverständlich* anrufen.（もちろん電話してくれてもいいよ．）

○本当に

単純にその命題が本当だと主張する．

faktisch（事実上），fürwahr（まことに），realiter（実際），tatsächlich（実際に），wahrhaftig（本当に），wahrlich（まことに），wirklich（本当に）

(32a) Ich weiß *tatsächlich* nicht, was ich tun soll.（私は何をしたらよいのか，本当にわからない．）

(32b) Ich kannte sie *wahrhaftig* gut und hatte meinem Freund Balmoral seinerzeit in Wien schon alles richtig erklärt.（Simmel）（私は彼女を本当によく知っていたし，私の友達の Balmoral に当時ウィーンですでにすべてをきちんと話した．）

(32c) Bist du *wirklich* sicher, daß ich das war?（ぼくがそれだったというのは本当にまちがいないと思っているの？）

○周知のように

世間一般を持ち出して自明のこととする．

bekanntlich（周知のように），zugegebenermaßen（認められているように）

(33) Doch ist *bekanntlich* für die normale Kommunikation keine

5.3. 命題外機能

besondere oder gar innige Beziehung notwendig. (Leisi) (しかしながら周知のようにふつうのコミュニケーションには特別な, ましてや緊密な関係というのは必要ないのである.)

○**本人の言うように**

それを主張する人を持ち出して自明のこととする.
eingestandenerweise/eingestandenermaßen (本人も認めているように), erklärtermaßen (本人も明言しているように), zugegebenermaßen (本人も認めているように)

(34a) *Eingestandenerweise* hatte der Schüler bei der Klassenarbeit abgeschrieben. (本人も認めているようにその生徒は筆記試験でカンニングをした.)

(34b) Der Dieb hat *zugegebenermaßen* das fremde Fahrrad benutzt. (その泥棒は本人も認めているように他人の自転車を使った.)

○**証明されているように**

事実として証明されているものとして述べる.
erwiesenermaßen (立証されたように), nachweislich (証明できるように), nachweisbar (証明できるように), nachgewiesenermaßen (証明されたように)

(35a) daß der marokkanische Geheimdienst [...] dabei *erwiesenermaßen* die Unterstützung bestimmter Organe der französischen Polizei und des Abwehrdienstes erhalten hatte (MK) (モロッコ諜報機関が証明されているようにその際フランス警察や防衛諜報機関の特定の組織の援助を受けていたということ)

(35b) Von England werden nur noch solche Waren hereingelassen, die bereits gekauft und voll bezahlt worden sind oder bis spätestens 20. Februar in England eintreffen, sofern sie *nachweislich* bereits am 30. Januar unterwegs waren. (MK) (イングランドからは, すでに購入され, 代金がすべて支払済みのもの, または, 1月30日に輸送途中にあることが明らかである場合には遅くとも2月20日までにイングランドに到着する商品のみがまだ受け入れが認められる.)

5.3.4.5.1.1.3. 判断留保の話法詞

想定された命題が事実であるかどうかの判断を避けたことを表すものである．いずれも他人に責任をおしつける形になっている．
angeblich（人〈本人〉の話では），vermeintlich（…と憶測されている），vorgeblich（人〈本人〉の話では）

(36a) Er war *angeblich* krank. （彼は病気だったということだ．）
(36b) Der Zug wird *vermeintlich* pünktlich eintreffen. （その列車は時間どおり到着する見込みである．）
(36c) *Vorgeblich* hatte sie in der Stadt zu tun. （彼女は町ですることがあったと言っている．）

5.3.4.5.1.2. 話し手の判断に関わる話法詞の特徴

事実判断の話法詞，事実主張の話法詞，判断留保の話法詞が用いられた文は想定世界の命題がどのように現実世界に対応するのかを表現したものである．たとえば次のような文はいずれも「彼が病気である」ことを事実として表現しているわけではない．

(37a) *Wahrscheinlich* ist er krank. （おそらく彼は病気だろう．）
(37b) *Wirklich* ist er krank. （本当に彼は病気だ．）
(37c) *Angeblich* ist er krank. （彼は病気らしい．）

(37a)では「彼が病気である」ということが話し手の推量として述べられている．言い換えるなら，「彼が病気である」という命題が現実世界にあてはまるかどうかが wahrscheinlich だとされている．(37b)では一見「彼が病気である」ということが事実であると述べられているように見える．事実そのものを描いたものならあえて wirklich という必要はない．wirklich は想定世界の命題が現実世界に一致するという話し手の主張を表しているのである．(37c)ではまず誰かの主張があり，それを話し手は述べただけである．ここでは，話し手はその主張の内容を一旦自分の想定世界に取り入れ，現実世界に対してそれは angeblich という関係であること，つまり人に聞いたことで自分で確かめたわけではないことを表現しているのだと考えられる．

このように，事実判断，事実主張，判断留保の話法詞は想定世界の命題が現実世界にどのように関係しているのかを表したものである．事実判断の話法詞の場合には想定世界の命題がそのまま現実世界にあてはまるのではない

5.3. 命題外機能

ということが話し手の判断として述べられ，事実主張の話法詞の場合には想定世界の命題が現実世界に一致するということが話し手の判断として述べられている．判断留保の話法詞の場合には話し手は判断を避けることになるが，これも一つの態度である．

　これら話法詞はあくまでも話し手の判断の表現であるから客観的な可能性を表現するものではない．たとえば，コインを投げて表か裏かを当てるゲームで，表が 10 回続けて出たとする．次に裏が出る確率は客観的には 50% に過ぎないが，ゲームをやっている人は「次はきっと裏だ」「次は絶対に裏だ」というように言うことがある．このように客観的な確率と話し手の判断とは別問題である．

　事実判断の話法詞には，その命題の事実性がかなり高いという判断を表現するものから，事実の可能性があるという判断を表現するものまでさまざまあるが，事実性を否定する方向に働くものはない．たとえば ungewiß のような語は(38a)のように形容詞の述語的用法としてなら可能であるが，話法詞としては用いられない．

　　　(38a) Es ist *ungewiß*, daß er morgen kommt. （彼が明日来るということは確実ではない．）

　　　(38b) *Er kommt *ungewiß* morgen.

事実主張の話法詞の中には unzweifelhaft（疑いもなく），zweifellos（疑いもなく），zweifelsohne（疑いもなく）という話法詞があるが，これらの否定要素は命題を否定しているのではなく，話法詞内の zweifel- を否定するだけである．つまり，「疑いがない」ということから話法詞としては命題の事実性を主張することになる．zweifelhaft（疑わしい）という語は話法詞としては用いられない．

　kaum や schwerlich を話法詞として扱う文法書もあるが，kaum は言い換えれば fast nicht であり，〈程度副詞＋否定詞〉と扱うべきであろう．(39b)(39c)のように kaum は noch と共に使われ，「ほとんどもう…ない」という意味を表すことも多い．

　　　(39a) Das ist *kaum* möglich. （それはほとんど不可能だ．）

　　　(39b) Von den übrigen Bedenken war öffentlich *kaum* noch die Rede.
　　　　　　（その他の懸念については公にはほとんどもう話に出なかった．）

　　　(39c) Ich arbeite *kaum* noch. （私はほとんどもう働いていない．）

また，schwerlich は wahrscheinlich nicht だとされるが，これは推量，仮定を表す文脈で用いられるからである。wahrscheinlich の意味はむしろ推量の助動詞などで出てくるのであり，schwerlich は否定を表すと考えるべきだろう。ただし，完全な否定ではないので，kaum と同じように〈程度副詞＋否定詞〉の機能を持つと考えるのが妥当である。

(40a) Das würde ich *schwerlich* zugestehen. （そんなことを私が認めるようなことはほとんどないだろう。）

(40b) Wenn Jesus einen Buckel gehabt hätte, hätten sie ihn *schwerlich* aufs Kreuz genagelt. （もしイエスが猫背であったら，彼らは十字架にはりつけにするなんてことはまずしなかっただろう。）

あるいは schwerlich は次のように可能を表す語句と共に用いられることもある。この場合には「ほとんど…できない」という意味になり，推量の意味は出てこない。このことからも schwerlich に推量の意味がないことがわかる。

(41a) Meyer kann aber *schwerlich* als Prototyp des Lyrikers gelten. （しかし Meyer を叙情詩人の典型と見なすことはほとんどできない。）

(41b) der *schwerlich* annehmbare Kompromißvorschlag （ほとんど受け入れられない妥協提案）

kaum, schwerlich は(42a)のように他の否定といっしょに用いられることはない。一方で，kaum は(42b)(42c)のように話法詞と用いられることがある。これも kaum, schwerlich は否定機能があり，話法機能がないことを示してある。

(42a) *Er kommt *kaum/schwerlich* nicht morgen.

(42b) Dies ist zugleich eine Gelegenheit für dich, durch ein eklatantes Scheitern die Tugend der Bescheidenheit zu lernen, welche — in deinem jungen Alter *vielleicht* verzeihlicherweise noch *kaum* entwickelt — eine unabdingbare Voraussetzung [...] sein wird. (Süskind) （これは同時におまえにとって，栄光の挫折によって謙譲の美徳を学ぶ一つの機会である。それは，おまえの年齢ではひょっとしてまだほとんど成長はしていなくても当然のことではあろうが，欠くことのできない…の前提条件となるであろう。）

(42c) Kenner Skandinaviens würden *wohl kaum* auf die Idee kommen, Norwegisch, Dänisch und Schwedisch als Dialekte einer Sprache zu bezeichnen, nur weil sich Norweger, Dänen und Schweden sprachlich verstehen. (Kramer/Linde) (スカンジナビアの専門家たちは，ノルウェー人，デンマーク人，スウェーデン人が言語を互いに理解するという理由だけで，ノルウェー語，デンマーク語，スウェーデン語を一つの言語の方言と呼ぼうという考えに到ることはおそらくほとんどないだろう．)

5.3.4.5.1.3. 話し手の判断に関わる話法詞の個別的な問題

5.3.4.5.1.3.1. bestimmt, gewiß, sicher

　この三つの話法詞は事実判断を表すもののうちでも「確信」を表すものである．これらは話法詞としては確信を表すが，形容詞や様態副詞として「確実」を表す．ここでは，「確実」は客観的な状態を述べたものとし，「確信」は話し手の判断を表すものとする．

　この三つの話法詞は文の中で最も強く発音される場合とそうでない場合に若干の意味の違いが認められる場合がある．強く発音された場合には話し手が確信を持ってその命題を強く主張しているととらえられるし，強く発音しない場合にはそれほど確信はしていないととらえられる．

　　(43a) Er kommt *bestimmt/gewiß/sicher* morgen. （彼が明日来るのはまちがいない．）

　　(43b) Er kommt *bestimmt/gewiß/sicher* mórgen. （彼はきっと明日来るだろう．）

強く発音された場合には事実判断よりもむしろ事実主張の話法詞に近い意味になる．

　これらが強く発音される場合には，「間違いないのか」と相手に確認するために疑問文に用いられることもあるとされる．ただし，それが許されるかどうかは専門の文法家の間でも意見が別れる場合がある．

　　(44a) Kommt der Brief *bestimmt* an？ （その手紙はきっと来るのでしょうね．）

　　(44b) Irren Sie sich ganz *bestimmt* nicht, Herr Steinhövel？ (Kästner：Miniatur) （Steinhövel さん，思い違いをなさっているのではないの

は確かでしょうね.)

(44c) Ist er *sicher* fortgegangen？ （彼が行ってしまったのは確かですか.)

(44d) Bist du es auch *gewiß* nicht gewesen？ （君がそれではなかったのは確かでしょうね.)

上のような場合，bestimmt, gewiß, sicher は「確信」よりも「確実」の意味を表している．特に bestimmt は疑問文でよく用いられる．

sicher は強く発音されても仮定の意味が残っているのだという人もいる．そのためだろうと思われるが，sicher は話法詞としてはあまり疑問文に使われない．sicher に ganz を加えると事実主張となる．

(45a) Warum wird [...] der Partner meistens neu benannt, obwohl er doch ganz *sicher* schon einen Namen hat？ (Leisi)（パートナーは間違いなくすでに名前があるのに，なぜほとんどの場合新たに名前が付けられるのであろうか.)

(45b) [...], ganz *sicher* gewinnen wir vom Kind aus einen guten Zugang zum Wesen des Verliebten. (Leisi)（私たちが子供から恋する者の本質の理解へ至るのは確実である.)

(45c) Aber er war nun in einer Position, wo er jene Männer und Frauen retten konnte, die ganz *sicher* mit einer Verurteilung zum Tode rechnen mußten. (Simmel)（彼は間違いなく死刑を覚悟しなければならない人たちを救うことのできる地位にいた.)

sicher とほとんど同じ意味を表すものに sicherlich がある．sicherlich は sicher に比べてより仮定的で確信は表さないとする学者もあるが，(46b) のように ganz がついた例もある．

(46a) Er wird mir *sicherlich* nicht glauben. (Ende: Geschichte)（彼は私の言うことをきっと信じないだろう.)

(46b) Es wird ganz *sicherlich* zu heißen Diskussionen kommen. (Spiegel)（きっとそれは熱い議論になることだろう.)

gewiß も sicher と同じような意味を表す．強く発音される場合，特に ganz と共に用いられると事実主張になる．

(47a) [...], ich bemerkte, daß nicht nur sein Gesicht, seine Arme und seine Hände, sondern auch sein Nacken von der Sonne wie zu

Leder gegerbt waren. *Gewiß* hatte er viele Jahre schwer in den Weinbergen gearbeitet. (Simmel) （私は，彼の顔や腕や手ばかりでなく，彼の首筋も皮のようになめされているのに気づいた．きっと何年もブドウ畑で重労働をしたにちがいない．）

(47b) Seine Mama war tot und ganz *gewiß* nicht hier in Phantásien. (Ende：Geschichte) （彼のお母さんは死んでいた．それはここ Phantásien ではないことは確かだ．）

5.3.4.5.1.3.2. eventuell, möglicherweise, vielleicht

bestimmt, gewiß, sicher などは，話し手が想定世界の命題の事実性に確信を持っている場合に用いられる．つまり，想定世界の命題が現実世界に対してあてはまると話し手は見なしているということである．これに対して eventuell, möglicherweise, vielleicht などは，想定世界の命題を一つの可能性として表す．たとえば，Peter が今日は授業に来ていないものとしよう．その時に Vielleicht ist Peter krank. と言ったとすると，「彼が病気である」ということは話し手が想定した原因ではあるが，他の原因の可能性があることも示唆している．たとえば，今日はアルバイトがあるとか，母親が病気だとか，寝坊したとかである．もちろん，「病気である」ということをわざわざ取り上げているわけであるから，それに対する話し手の立場は他の可能性とは同じではないだろう．しかし，話し手自身もそれを事実だと主張する根拠は持たないのである．次のような使い方もできるが，wahrscheinlich はこのようには使えない．

(48a) *Eventuell/Möglicherweise/Vielleicht* ist Peter krank, *eventuell/möglicherweise/vielleicht* nicht. （Peter はひょっとしたら病気かもしれないし，そうではないかもしれない．）

(48b)＊*Wahrscheinlich* ist Peter krank, *wahrscheinlich* nicht.

ふつう事実判断の話法詞は疑問文に用いることはできない．ところが，これらの話法詞は決定疑問文に用いられることがある．

(49a) Hast du zu Hause *vielleicht* keine Angst davor? (Ende：Momo) （君はひょっとして家ではそれは怖くないの．）

(49b) Ist dieser Brief *möglicherweise* der Grund für Ihr seltsames Verhalten? （この手紙がひょっとしてあなたの奇妙な行動の原因で

(49c) Kannst du *eventuell* mithelfen? （場合によっては手伝ってくれるかい．）

　wahrscheinlich など他の話法詞の場合には話し手が多かれ少なかれ想定世界の命題が事実だと思っていることを表すので，それを用いながら同時に相手に尋ねるというのは矛盾している．ところが，vielleicht などは(49a)でもわかるように，話し手自身もそれが事実だとも確実だとも見なしていない．そこで，一つの可能性としてそれを提示しながら，同時に相手の見解を尋ねることが可能になってくるのである．つまり「このような可能性が考えられるが，どうだろうか」という意味の疑問文に用いられるのである．そうすると場合によっては(49c)のように控えめな依頼にもなる．

5.3.4.5.1.3.3.　wohl

　wohl にはさまざまな用法がある．まず，様態副詞として「よく・健康に」という意味がある．話法詞としては2種類ある．

(50a) Das ist *wohl* Péter. （それは Peter でしょう．）
(50b) Das ist *wóhl* Peter. （それは間違いなく Peter です．）

　(50a)では wohl は事実判断を表し，(50b)では wohl は事実主張を表す．事実主張を表す場合には wohl に文アクセントが置かれる．

　事実判断を表す wohl は文肢性も文性も持たないので次のような使い方はできない．そこで wohl を心態詞として分類する文法書もある．

(51a) *Wohl kommt er morgen.
(51b) Kommt er morgen? ― *Wohl.

　事実主張の wohl は(52a)のように aber の文が続いたり，(52b)のように否定に対する反論や(52c)のような但し書きとして事実主張をする場合もある．

(52a) Er hat die Prüfung *wohl* bestanden, aber nicht sehr gut. （彼は試験に合格はしたが，とてもいい成績というわけではなかった．）
(52b) Peter hat kein Auto. ― Er hat *wohl* eins. （Peter は車を持っていない．―持っているよ．）
(52c) Er kann nicht singen, *wohl* aber sehr gut Geige spielen. （彼は歌うことはできないが，とても上手にバイオリンを弾くことができる．）

5.3. 命題外機能

事実主張の wohl は単独で文頭に置かれることもある．
> (53)　*Wohl* ist er noch jung, aber doch schon sehr erfahren. （確かに彼は若いが，しかしとても経験豊かである．）

(註) wohl は応答詞として用いられることもある．その場合，「肯定」「承諾」などを表す．
> Kommst du mit?— *Wohl*. （いっしょに来る？ ― 行くよ．）
> Können Sie bitte etwas Salz bringen?— Sehr *wohl*. （塩を持って来てくれないかな？ ― わかった．）

事実判断の話法詞の中で wohl は特殊である．wohl 以外の事実判断の話法詞では想定された命題が現実世界に当てはまるかどうかの話し手の判断がそれぞれの話法詞固有の意味で表されている．たとえば，sicher なら「確実な」，wahrscheinlich なら「ありそうな」，vermutlich なら「そう思われる」というような意味を含むであろう．そしてそれは結果的に事実性の程度の違いと解釈される．sicher などが用いられると事実性の高いものとしてとらえられるし，vielleicht などが用いられると事実性の低いものとしてとらえられる．これに対して wohl には固有の意味と呼べるようなものがない．単にその文の命題が想定世界のものである（つまり話し手が想定しているにすぎない）ことを表現するだけである．そうすると，結果としてはその文が事実性の特定の程度を表すととらえられるのではなく，その文が話し手の推量を表現したものであるとだけ理解される．日本語では次のように「…だろう」という文に近い．

> (54a)　Sie wird *wohl* noch später kommen. （彼女はもっと後になってから来るだろう．）
> (54b)　Er hat *wohl* den Zug verpaßt. （彼は列車に乗り遅れたのだろう．）
> (54c)　Es ist *wohl* besser, wenn wir jetzt gehen. （私たちはもう行った方がよいだろう．）

事実判断の wohl は決定疑問文にも用いられる．自分はそのように想定しているが，どうだろうかと相手に尋ねる（あるいは自問する）文になる．このようなことが可能なのも wohl にきわだった固有の意味がないためである．

(55a) Ist sie *wohl* schon gegangen？（彼女はもう行ってしまったのだろうか．）

(55b) Aber dürfte ich Sie *wohl* begleiten？（でもあなたをお送りしてもいいでしょうか．）

(55c) Hast du *wohl* einen Bleistift für mich？（私に鉛筆を貸していただけませんでしょうか．）

　vielleicht, eventuell, möglicherweise も決定疑問文に用いられることがあったが，wohl の場合には補足疑問文にも用いられる．独り言のように自分自身に問いかける場合や事実関係というより相手の意見を問う場合に用いられる．

(56a) Was kostet das *wohl*？（それはいくらなのだろうか．）

(56b) Was wäre dann *wohl* über mein Leben zu sagen？(Simmel)（それなら私の人生については何と言うことができるのだろうか．）

5.3.4.5.1.3.4.　tatsächlich, wirklich

　これらは本来はその事柄が空想などではなく，現実世界に存在するということを表すものだと考えられる．次のような文では「本当に」というよりは「現実において」という訳語がふさわしく，広い意味での空間副詞と言える．

(57a) Gibt es *tatsächlich* Hexen？（現実に魔女はいるのですか．）

(57b) Er ist *wirklich* so geschehen, es war kein Traum.（それは現実に起こったことなのです．夢ではありませんでした．）

　これが事実主張の話法詞として用いられると，想定世界の命題が事実だと主張する働きをする．ただし，ある命題を事実として述べるにはむしろこれらを使わない方がよいことも多い．たとえば次のような場合，(58a)の方が淡々と事実を述べているように受け取られる．わざわざ(58b)のように言うのはそれに疑いを挟むような要因があるからだろう．

(58a) Er ist krank.（彼は病気だ．）

(58b) Er ist *tatsächlich/wirklich* krank.（彼は本当に病気だ．）

　これらは平叙文に用いられたときには事実主張になるが，次のように決定疑問文に用いられると事実かどうかを相手に尋ねることになる．この場合も，これら話法詞がなくても事実を尋ねることに変わりはない．これら話法詞を入れることによって，やはり疑いを挟むような要因があることが示唆される．

5.3. 命題外機能

(59a) Hast du auf mich *wirklich* gewartet？ （あなた本当に私を待っていたの．）

(59b) Zählen diese Entschuldigungen *wirklich*？ （この弁解は本当に意味があるのだろうか．）

(59c) Hast du mich *tatsächlich* gesucht？ （君は僕を本当に捜したのか．）

tatsächlich, wirklich は単独で決定疑問文の答えにはならないが，相手が言ったことに対して次のように一語で問い直すことは可能である．

(60) Peter ist krank. — *Tatsächlich？/Wirklich？* （Peter は病気だ．—本当に？）

なお，wirklich は命令文に用いられることもある．この場合も相手がその行為をしないのではないかという懸念があるためにこれが用いられている．wirklich は想定世界の事柄が現実世界で実現されることを表すためこのような使われ方がされると考えられる．

(61a) Nehmen Sie das Buch *wirklich* in die Hand！ （その本をどうぞお手にお取りください．）

(61b) Lesen Sie *wirklich* einmal das Märchen von Rip van Winkle. (Frisch: Winkle) （Rip van Winkle の物語を本当に一度読んでごらんなさい．）

このように tatsächlich, wirklich は想定世界の命題が現実世界に一致することを話し手が主張するものである．想定された命題が現実世界に一致しないという恐れが出てきたときに用いられるのはそのためである．

なお，次のような wirklich は程度副詞のように働き，形容詞の意味を強調しているように思われる．

(62a) Der Camenbert war *wirklich* ausgezeichnet. (Simmel) （このカマンベールは本当にすばらしかった．）

(62b) Ich dachte, daß ich noch nie im Leben *wirklich* glücklich gewesen war. (Simmel) （私はこれまでの人生で本当に幸せだったことはなかったと思った．）

これらは「本当の意味で ausgezeichnet」「本当の意味で glücklich」というような意味で用いられている．言い換えると，現実世界の状態が ausgezeichnet, glücklich を用いるのに完全に適合することを表現する．

5.3.4.5.2. 話し手の心情・評価に関わる話法詞

話法詞には命題に対して，話し手の心情や評価を表現するものがある．これらは話し手の判断に関わる話法詞とは異なった特徴を持っている．

5.3.4.5.2.1. 話し手の心情・評価に関わる話法詞の種類

話し手の心情を表したもの，話し手の評価を表したものに分ける．

5.3.4.5.2.1.1. 心情表出の話法詞

命題に対する話し手の心情を表現したものである．ポジティブな心情を表すものとネガティブな心情を表すものがある．

○ポジティブな心情を表す話法詞

よいとされる事柄に用いられる．

erfreulicherweise（うれしいことに），glücklich/glücklicherweise（幸運にも），gottlob（ありがたいことに），gottseidank（ありがたいことに），hoffentlich（…であればよいのだが），wünschenswerterweise（望ましいことに）…

   (63a) Der Patient hat *erfreulicherweise* die Krankheit überwunden. （その患者は喜ばしいことにその病気に打ち勝った．）
   (63b) *Glücklicherweise* fiel er in einen der Bäume, die unten standen. (Ende: Geschichte) （幸運なことに彼は下に立っていた木々の一つの中に落ちた．）
   (63c) *Gottlob* hat er sich vom dem Schock schnell erholt. （ありがたいことに彼はショックからすぐに立ち直った．）
   (63d) *Hoffentlich* haben sie mich nicht gesehen！（やつらがぼくに気がつかなかったらいいのだが．）

○ネガティブな心情を表す話法詞

悪いとされる事柄に用いられる．

ärgerlicherweise（腹立たしいことに），bedauerlicherweise/bedauernswerterweise（残念ながら），betrüblicherweise（悲しいことに），beunruhigenderweise（気がかりなことに），enttäuschenderweise（がっかりしたことに），leider（残念ながら），unerfreulicherweise（喜ばしからぬことに），unglücklicherweise（不幸なことに）…

(64a) Er hat *ärgerlicherweise* den letzten Zug verpaßt. （彼は腹立たしいことに終電に乗り遅れた．）

(64b) Sie konnte *bedauerlicherweise* am Ausflug nicht teilnehmen. （彼女は残念なことに遠足に参加できなかった．）

(64c) Und die werden es uns *leider* nicht glauben. （そして彼らは私たちの言うことを残念ながら信じてくれないだろう．）

○中立的な心情を表す話法詞

よい事柄にでも悪い事柄にでも用いられる．

erstaunlicherweise（驚いたことに）

(65) Als die Kapelle *erstaunlicherweise* doch Schluß machte, wurde so lange applaudiert, bis sie einen Tango folgen ließ. （Kästner: Miniatur）（それでもバンドが驚いたことに演奏を終わりにしたとき，次にタンゴが続くまで長いこと拍手が鳴り終わらなかった．）

なお，熟語でこれらに近い働きをするものに，zum Glück（幸運にも），Gott sei Dank（ありがたいことに）などがある．

(66a) Leider war keine Kamera zur Stelle. Oder *zum Glück*. (Simmel) （残念ながらカメラがその場になかった．あるいは幸いというべきか．）

(66b) Hat er die weite Reise gut überstanden? — *Gott sei Dank*! （彼は長い旅行をよく耐えたのかい．—ありがたいことにね．）

5.3.4.5.2.1.2. 評価の話法詞

命題を話し手がどのように評価しているかを表す．心情表出の話法詞と共に「価値判断を表す話法詞」とされることもある．

anständigerweise（礼儀正しいことに），begreiflicherweise（もっともなことだが），begrüßenswerterweise（歓迎すべきことに），bemerkenswerterweise（注目すべきことに），berechtigterweise（正当なことに），beschämenderweise（恥ずかしいことに），besser（…したほうがよい），bezeichnenderweise（特徴的なことに），blödsinnigerweise（ばかげたことに），boshafterweise（意地悪にも），dankenswerterweise（ありがたいことに），dummerweise（おろかにも），eigenmächtigerweise（自分勝手に

も），eigennützigerweise（利己的なことに），eigentümlicherweise（奇妙なことに），erwartungsgemäß（期待通りに），fairerweise（公平にも），freundlicherweise（親切なことに），gerechterweise（公正にも），gern（かまわないから），gescheiterweise（りこうなことに），günstigerweise（好都合にも），höflicherweise（礼儀正しくも），klugerweise（りこうなことに），komischerweise（奇妙なことに），konsequenterweise（当然の帰結として），kurioserweise（奇妙なことに），leichtsinnigerweise（軽率にも），liebenswürdigerweise（親切にも），lieber（…するほうがよい），logischerweise（当然のこととして），merkwürdigerweise（奇妙なことに），notwendigerweise（必然的に），schlauerweise（抜け目のないことに），seltsamerweise（奇妙なことに），sonderbarerweise（奇妙なことに），törichterweise（おろかなことに），überflüssigerweise（余計なことに），vernünftigerweise（賢明なことに）...

(67a) Infolge dieses Umstandes erübrigt es sich *begreiflicherweise*, den Zeitpunkt näher zu bestimmen, an dem Fleischermeister Oskar Külz den Platz überquerte und aufs Hotel d'Angleterre zusteuerte. (Kästner: Miniatur) （こういう事態のため，肉屋の親方の Oskar Külz が広場を横切り，Hotel d'Angleterre に向かう時刻をより正確に定めるのは当然のことながら必要ない．）

(67b) Wir sollten *besser* vielleicht auch aufbrechen. (Ende: Geschichte) （私たちもひょっとしたら出発したほうがよいのではないだろうか．）

(67c) *Bezeichnenderweise* lehnten die „Väter des Grundgesetzes" den von der SPD-Vertreterin Elisabeth Selbert eingebrachten Antrag ab: (Spiegel) （特徴的なことは「基本法の父たち」が SPD 代表の Elisabeth Selbert により提案された動議を拒否したことである．）

(67d) *Dummerweise* hatte ich nicht genug Geld bei mir. （おろかなことに私は十分なお金を手元に持っていなかった．）

(67e) Was Sie mir *freundlicherweise* ausgehändigt haben, ist leider nicht der echte Holbein. (Kästner: Miniatur) （あなたがご親切に私にお渡しくださったのは，残念ながら本物の Holbein ではあり

5.3. 命題外機能

ません.)

(67f) Oder sag *lieber* nichts, sonst tobt er nur, aber hab acht auf ihn. (Frisch: Andorra) (あるいは何も言わないほうがいい. そうしないと彼は暴れるだけだ. でも彼には注意をしておけ.)

(67g) Stefan hat *seltsamerweise* lange nicht geschrieben. (Stefan は奇妙なことに長いこと手紙をよこさない.)

ここに挙げたものはたいていの独々辞典や独和辞典には採録されているものであるが, これ以外にも -weise という接尾辞がついた語が話法詞として用いられることもあり, また, 形容詞から新たな話法詞が作り出される可能性もある.

arrogant（傲慢な）→ aroganterweise（傲慢なことに）
überraschend（驚くべき）→ überraschenderweise（驚いたことに）
ungewöhnlich（異常な）→ ungewöhnlicherweise（異様なことに）

あるいは, 上に挙げた語に un- という接頭辞をつけて逆の評価の話法詞とすることもある.

höflicherweise（礼儀正しくも）→ unhöflicherweise（無礼にも）
klugerweise（りこうなことに）→ unklugerweise（おろかなことに）

-weise がついても必ずしも話し手の評価とはならないものもいくつかある. 次のようなものはここでは話法詞とは扱わず, 様態副詞とする.

fälschlicherweise（誤って）, irrigerweise（誤って）, irrtümlicherweise（誤って）, normalerweise（ふつうは）, üblicherweise（ふつうは）

たとえば fälschlicherweise は次のように用いられるが, これはその事柄を「誤っている」と話し手が評価しているのではなく, その事柄が起きた状況を記述しているにすぎない. Peter が「意図的に」やったとか,「知らずに」やったなどと同じである.

(68) Peter ist *fälschlicherweise* am Westbahnhof ausgestiegen. (Peter は誤って西駅で降りた.)

また, 同じような理由で umsonst, vergebens, vergeblich[erweise] も話し手の評価とはならない. これらはその文で表現されている事柄が成果なくなされたことを表す. つまり, その文で表現された行為はあることを意図していたが, それが達成されなかったことを表すのである. これら話法詞は, 取り除くと文が表す事柄自体が変わってくるため, 現実世界に指示対象をも

つ様態副詞とする．(→ 5.2.2.3.3.)

 (69a) Ich habe sie *vergeblich* angerufen. (私は彼女に電話をしたがむだだった．)

 (69b) In seinen Augen und seinem Gesicht suchte ich Spuren von dem, was in seiner Seele vorgehen mochte. Ich suchte *vergebens*. (彼の目や顔に私は彼の心の中で起こっているかもしれないものの痕跡を探した．それはむだであった．)

 (69a)では具体的な状況はわからないが，彼女は家にいなかったのかもしれないし，電話は通じたが用件が伝わらなかったのかもしれない．(69b)では明らかに「見つからなかった」という現実世界の事柄を表している．

5.3.4.5.2.2. 話し手の心情・評価に関わる話法詞の特徴

 心情表出の話法詞や評価の話法詞は命題に対する話し手の心情や評価を表す．ふつうこれらの話法詞が使われている文の命題は現実世界で事実であることが前提とされている．たとえば，次のような文は「彼が病気である」という命題が事実として述べられている．

 (70) *Leider* ist er krank. (残念ながら彼は病気だ．)

しかし，次のように心情表出の話法詞や評価の話法詞が事実判断や事実主張の話法詞と共に用いられた例もある．

 (71a) *Unglücklicherweise* ist das *wohl* der einzige Weg. (Spiegel) (不幸なことにそれが唯一の道だろう．)

 (71b) *Glücklicherweise* waren hier die Wächter *offenbar* alle nach oben gelaufen. (Ende: Geschichte) (幸運なことに見張りは明らかにみんな上へ行ってしまったようだ．)

 (71c) Peter hat *zweifellos/sicher/wahrscheinlich/offenbar/vielleicht leider* die ganze Zeit im Regen gestanden und gewartet. (Peterは疑いもなく/きっと/おそらく/明らかに/ひょっとしたら残念ながらずっと雨の中に立って待っていた．)

 (71a)(71b)(71c)では命題が完全に現実世界にあてはまるとは話し手は見なしていない．話し手は想定世界の命題の事実性に判断を加えながら，同時に自分の心情を述べたり，評価を下したりしている．話し手はこのように完全に現実世界の事柄とは思われないものに対しても自分の評価を加えること

ができる．

5.3.4.5.2.3. 話し手の心情・評価に関わる話法詞の個別的な問題

5.3.4.5.2.3.1. besser と lieber

besser, lieber などは話法詞としては特別な使い方になる．ふつう評価の話法詞は平叙文で用いられるが，besser と lieber は命令や助言を表す平叙文や疑問文または命令文に用いられる．

- (72a) Du gehst nach diesem Sturz *besser* doch zum Arzt. （君はこんなひどい倒れかたをしたのだから医者に行ったほうがいい．）
- (72b) Das sollst du *besser* nicht tun. （君はそれをしない方がいい．）
- (72c) Gehst du nicht *besser* doch noch zum Arzt? （君はやっぱり医者に行ったほうがいいんじゃないだろうか．）
- (72d) Geh *besser* doch zum Arzt！（医者に行ったほうがいいよ．）
- (73a) Sie hätten *lieber* ein Einfamilienhaus beziehen sollen. （彼らは一軒家に引っ越したほうがよかったのに．）
- (73b) Sollte er nicht *lieber* den Arzt aufsuchen? （彼は医者を訪ねたほうがいいんじゃないだろうか．）
- (73c) Geh *lieber* sofort zum Zahnarzt！（歯医者に行ったほうがいいよ．）

5.3.4.5.2.3.2. 主語指向の話法詞

評価の話法詞は命題に対する話し手の評価であるが，次のような場合，評価は文の主語に向けられているように見える．そのため「主語指向の話法詞」と呼ばれることがある．

- (74a) Ich habe *dummerweise* mein Geld vergessen. （私はおろかにもお金を忘れてしまった．）
- (74b) Er hat *eigenmächtigerweise* das Grundstück verkauft. （彼は自分勝手にもその土地を売ってしまった．）
- (74c) Er hat *eigennützigerweise* das Buch wochenlang allein genutzt. （彼は利己的にもその本を何週間も自分だけで使った．）

(74d) *Freundlicherweise* hat er mich vom Bahnhof abgeholt. （親切にも彼は私を駅に迎えに来てくれた．）

(74e) Er hat *höflicherweise* geschwiegen. （彼は礼儀正しくも黙っていた．）

(74f) Sie hat *klugerweise* vermieden, ihn zu reizen. （彼女は賢明にも彼を刺激するのを避けた．）

(74g) Hans hat *leichtsinnigerweise* die Autos überholt. （Hans は軽率にもそれらの車を追い越した．）

(74h) Er hat sich *schlauerweise* aus dem Staub gemacht. （彼はずるがしこくもこっそりと抜け出した．）

(74i) Ich habe *töricherweise* den Bummelzug benutzt. （私はおろかにもその鈍行に乗ってしまった．）

(74j) Er hat *vernünftigerweise* mit dem Rauchen erst gar nicht angefangen. （彼は賢明にも最初からまったくタバコをやらなかった．）

たとえば，(74a) は Ich bin so *dumm*, daß ich mein Geld vergessen habe. または Es ist *dumm* von mir, daß ich mein Geld vergessen habe. と書きかえると，その文の主語について評価がなされていることがはっきりする．これらは人間（あるいは人間のように見なされているもの）が主語となっている文でしか用いられない．たとえば Das Auto ist kaputt. に töricherweise を入れることはできない．（dummerweise は「残念なことに」という意味であれば入れることができる．）

もっとも，このように主語に関する評価がなされていると言っても，その主語となっている人物が行った（あるいは行わなかった）行為にも目を向けているわけで，主語のみに関係しているというわけではない．その事柄全体に対する評価を主語に関して述べていると言うべきであろう．

5.3.4.5.2.3.3. hoffentlich

上でも述べたように話し手の心情・評価に関する話法詞は事実と見なされる命題に対して用いられることが多い．この中で hoffentlich だけはその文の命題がまだ想定世界にとどまっており，現実世界において事実となっていない，事実と確認されていないという前提で用いられる．

5.3. 命題外機能

(75a) Deine Mutter wird *hoffentlich* bald wieder gesund. （君のおかあさんが早くまたよくなるといいね．）

(75b) *Hoffentlich* ist er schon in Tokyo angekommen. （彼はもう東京に着いていればいいのだが．）

(75a)はこれからのことだが，(75b)は hoffentlich がなければ過ぎ去った事実として述べられるものである．hoffentlich がはいることによって事実かどうかわからないということになる．

5.3.4.5.3. 述べ方に関わる話法詞

その文で表現される事柄を話し手がどのような立場にたって，あるいはどのような範囲において述べるかということを表すものである．

beispielsweise（たとえて言うなら），besser（もっと適切に言うなら），eigentlich(本来は)，etwa(たとえば)，schließlich(結局のところ)，überhaupt（一般に・概して）；im allgemeinen（一般的には・全体としては），zum Beispiel（たとえば）...

これらは，たとえば形容詞 theoretisch（理論の）を「理論的には」という意味で副詞的に用いた場合のような働きをするものである．あるいは wissenschaftlich gesagt（学問的に言うと），genau genommen（厳密に言えば）のような言い方もあるが，これらも同じような機能を持つ．これはいわば話し手と聞き手がその内容を理解するための共通の範囲を設定するものである．聞き手はそれに沿ってその内容を理解することが要求されている．

これらは話し手の述べ方に関わるものであるが，いずれも話し手が想定世界である限られた範囲を設定していることが示される．

(76a) *Eigentlich* ist er ja ganz nett. （本来は彼はけっこう親切なんだけどね．）

(76b) Sie kann tun, was sie will, *schließlich* ist sie volljährig. （彼女は自分の思うようにすることができるんだよ．結局彼女はおとななんだから．）

(76c) Er hat mir viel geholfen. Er ist *überhaupt* sehr nett. （彼はたくさん手伝ってくれたよ．だいたいが彼は親切なんだ．）

eigentlich は本来の姿として述べようとするものであり，schließlich は結論として述べようとするものであり，überhaupt は全般的に述べようとするも

のである．

5.3.5. 心態機能（心態詞）

　ここで「心態詞」として扱うのは，ドイツ語でふつう Modalpartikel とか Abtönungspartikel と呼ばれるものにほぼ該当する．場合によっては単に Partikel と呼ばれることもあるが，Partikel は不変化詞（変化しない語のグループ）一般を指すことも多いので注意を要する．これらは，以前はとるにたりないもの，あるいは，むしろ使わない方がよいものとさえ言われることがあったが，近年ではその存在が見直され，現在では特にコミュニケーションにおいて重要な働きをするものとして位置づけられている．

　最近では，心態詞を独立した品詞として扱おうとする傾向が辞典や文法書でも見られるようになってきた．ドイツの辞典の中には副詞とは別に Partikel などの品詞を立てて，心態詞を記述しているものもある．日本の辞典ではまだ副詞の中に分類されてはいるが，副詞の中で「話し手の主観的心情を反映して」とか，「話者の気持ち」などの注意書きをしているものもある．文法書でも副詞とは別の品詞として扱うものも多くなってきている．

　上でも述べたように，現代の多くの文法学者たちは心態詞という存在を認めているが，実際にどの語を心態詞とするかについては見解が一致していない．副詞の中で心態詞ほど存在の不確かなものはないとも言える．それは，心態詞とされる語は他の用法の副詞，あるいは他の品詞としても存在するからである．たとえば，代表的な心態詞としてよく話題にされる doch には接続詞としての用法もあるし，接続副詞としての用法もある．さらには応答詞として用いられることもある．しかも，doch ならそれぞれの doch の間に意味の共通性もあると考えられるので，実際の文に現れた場合にはどの品詞，どの種類の副詞であるかが明確でないことも希ではない．

(1a) Er wartete lange, *doch* sie kam nicht.［並列の接続詞］　（彼は長いこと待った．しかし彼女は来なかった．）

(1b) Er wartete lange, *doch* kam sie nicht.［接続副詞］　（彼は長いこと待った．しかし彼女は来なかった．）

(1c) Es war ihm verboten zu trinken, er hat es *doch* getan.［接続副詞］　（彼は飲酒を止められていた．にもかかわらず彼は飲んだ．）

5.3. 命題外機能

- (1d) Hast du keinen Hunger? — *Doch*. ［応答詞］ （君はおなかすいていないの。— すいているよ。）
- (1e) Du weißt *doch*, daß ich wegfahren muß. ［心態詞］ （君は私が行かなきゃならないって知っているじゃない。）
- (1f) Komm *doch* endlich zu mir！［心態詞］ （もういい加減に私のところへ来なさい。）

このような品詞の区分は初めから存在するのではなく，doch がさまざまな機能を持ち，その機能に対して「接続詞」「接続副詞」「応答詞」「心態詞」というラベルがつけられていると理解すべきである。直感的には上に挙げたような doch には意味の共通性があると思えるし，文法書でもそれを記述しようとしているものがある。

心態詞とは何かということを厳密に定義するのは困難なので，具体的な例を示すことにする。ここでは例文のイタリックの語が文の中で果たしている役割を心態詞の機能と考えている。しかし，このような文でイタリックの語の意味だけを取り出して述べることは困難であり，これらの語は文（場合によっては状況）の中で初めてその機能をとらえられるものである。一応の訳はつけたが，この訳も場面によって変わってくる。

- (2a) Du bist *aber* gewachsen. （君は何て大きくなったんだ。）
- (2b) Peter sieht sehr schlecht aus. — Er ist *auch* sehr lange krank gewesen. （Peter はとても顔色が悪いね。— 長いこと病気だったからね。）
- (2c) Komm *bloß*/*nur* nach Hause！ （いいから家へ帰りなさい。）
- (2d) Wo kommst du *denn* her？ （どこから来たの。）
- (2e) Die Prüfung ist *eben*/*halt* schwer. （試験はどうせ難しいから。）
- (2f) Ich bin *einfach* zu müde, um noch ins Kino zu gehen. （僕はこれから映画へ行くには疲れすぎているだけさ。）
- (2g) Rauchst du *etwa*？ （君ひょっとしてたばこを吸うの。）
- (2h) Er ist dazu *ja* nicht fähig. （彼にそれをする能力はないよね。）
- (2i) Komm *mal* her！ （ちょっとこっちへ来てよ。）
- (2j) Es wird *schon* nicht regnen. （きっと雨は降らないよ。）
- (2k) Er hat *vielleicht* einen Bart！ （彼はなんてひげを生やしているんだ。）

上であげた語以外にも文脈次第で心態機能を持つものもある（→5.3.5.6.）．

5.3.5.1. 心態詞の形と文アクセント
心態詞は語形変化はしないし，比較変化もしない．以前は文の中で強く発音されない（文アクセントを持たない）ものが心態詞とされたが，現在では文アクセントを持っていても心態詞とされることが多い．

(3a) Ich heiße nicht Heinz. — Wie heißt du *dénn*? （僕は Heinz という名前ではない．—じゃあ，何ていう名前なんだい．）

(3b) Lies *já* das Buch durch! （その本は全部を読みなさいよ．）

ただし，心態詞は対照アクセントを持つことはない．たとえば(4a)では gestern が打ち消され，その代わりに vorgestern が主張されている．心態詞に関してはこのようなことはできない．

(4a) Er ist *gestern* gekommen. — Nein. Er ist *vórgestern* gekommen. （彼は昨日来た．—いや，彼が来たのはおとといさ．）

(4b) Er ist *doch* gekommen. — Nein. *Er ist *hált* gekommen.

5.3.5.2. 心態詞の位置
心態詞は単独でも他の要素といっしょでも文頭に置くことはできない．

(5a) Heute kommt *ja* Hans. （きょう Hans は来るんだね．）

(5b) **Ja* kommt heute Hans.

心態詞は文の中ではさまざまな位置に現れる．たとえば心態機能を持つとされる doch は次の文のいずれかの [ ] の位置に置くことができる．

(6) Frau Neumann hat [ ] gestern [ ] ihrer Tochter [ ] das versprochene Buch [ ] geschenkt.

どの心態詞がどの文タイプに使えるかは決まっている．たとえば，doch は平叙文や平叙文の語順を持った疑問文には使えるが，決定疑問文に用いることはできない．

(7a) Das schaffst du *doch* bis morgen? （君はそれを明日までにやれるだろう？）

(7b) *Schaffst du *doch* bis morgen?

ただし，(7b)の場合も doch が文アクセントを持っていれば可能になる．そ

5.3. 命題外機能

の場合，doch の接続詞的要素が前面に出てくるので，接続副詞とされることが多い．逆に，etwa は決定疑問文（あるいは平叙文と同じ語順の疑問文）には用いられるが，純粋な平叙文には用いられない．

- (8a) Rauchst du *etwa*? （ひょっとしてたばこを吸うの．）
- (8b) Du rauchst doch nicht *etwa*? （まさかたばこは吸わないよね．）
- (8c) *Ich rauche *etwa*.

　心態詞が特定の文タイプで用いられ，他の文タイプで用いられないのは，その文タイプと心態詞の整合性の問題である．それぞれの文タイプには特有の機能があり，その中で doch, etwa などが心態詞としての機能を持ってくると考えられる（→ 5.3.5.4.2.2.）．

　とりたて詞や話法詞が文肢内に置かれることはある（→ 5.3.4.3.）が，心態詞が文肢内に置かれることはない．

5.3.5.3. 心態詞の焦点

心態詞は文の中で様々な位置に置かれる．

- (9a) Frau Neumann hat *doch* gestern ihrer Tochter das versprochene Buch geschenkt. （Neumann 夫人が娘に約束した本をあげたのは昨日なのですよ．）
- (9b) Frau Neumann hat gestern *doch* ihrer Tochter das versprochene Buch geschenkt. （Neumann 夫人が昨日約束した本をあげたのは娘なのですよ．）
- (9c) Frau Neumann hat gestern ihrer Tochter *doch* das versprochene Buch geschenkt. （Neumann 夫人が昨日娘にあげたのは約束した本なのですよ．）
- (9d) Frau Neumann hat gestern ihrer Tochter das versprochene Buch *doch* geschenkt. （Neumann 夫人が昨日娘に約束した本はあげたのですよ．）

これらのどの位置に置いても命題内容は変わらないが，力点を置いて伝達したいと思っていることが変わってくる．たとえば doch を ihrer Tochter の前に置くと「(息子にではなく) 娘に」ということが伝達の中心に出てくるし，das versprochene Buch の直前に置くと「(CD ではなく) 本を」または「(偶然見つけた本ではなく) 約束した本を」ということが，geschenkt の直前に

置くと「(貸しただけではなく)プレゼントしたのだ」ということが伝達の中心に出てくる。

　話し手は最も力点を置いて伝えたい要素の直前に心態詞を置くことによって、聞き手の注意をそこに引きつけることができるということになる。このように伝達上の力点が置かれる要素を心態詞の「焦点」と呼ぶことにする。

　不定冠詞がついた名詞または無冠詞の名詞は心態詞の焦点になる。

　　(10a) Er hat *doch* ein Auto geklaut.　(彼は車をくすねたんだよ。)
　　(10b)＊Er hat ein Auto *doch* geklaut.
　　(11a) Ich habe *doch* Geld mitgenommen.　(私が持っていったのはお金ですよ。)
　　(11b)＊Ich habe Geld *doch* mitgenommen.

　(10a)では ein Auto は聞き手にとって未知の情報で、話し手が聞き手に伝えたいと思っている情報である。これが焦点になるのが自然で、それ以外の要素の前に心態詞を置くと不適切な文になる。

　これに対して、定冠詞がついた名詞は話し手にも聞き手にも知られていると見なされている情報、すなわち既知の情報である。それゆえ定冠詞のついた名詞はふつう焦点にならず、心態詞はその直前には置かれない。(12a)では話し手は geklaut を伝達の中心に置いたことになる。

　　(12a) Er hat das Auto *doch* geklaut.　(彼はその車を [借りたのではなく] くすねたんですよ。)

　もちろん「あの車を」ということを特に伝えたければ das Auto の前に置くことも可能である。この場合は、名詞に定冠詞がついていても心態詞の焦点になっている。

　　(12b) Er hat *doch* das Auto geklaut.　(彼は [この車ではなく] その車をくすねたんですよ。)

　なお、文要素として文中で2番目に位置を占めることになっている定動詞を心態詞の焦点にしたい場合、その直前に心態詞を置くことはできない。この場合には心態詞は文末に置かれるが、(13b)のように直後に置かれる場合もある。ここでは kauft にアクセントが置かれ、eben が kauft を焦点とすることが示されている。

　　(13a) Sie káuft dieses Fahrrad *eben*.　(彼女はこの自転車をどうせ買うのですから。)

(13b) Sie káuft *eben* dieses Fahrrad. （彼女はこの自転車をどうせ買うのですから．）

また，焦点となる要素が文頭にある場合には，心態詞をその前に置くことはできないから定動詞の後方に置かれるが，その要素にはアクセントが置かれることによってそれが焦点であることが明確にされる．

(14a) Wer hat sich ein Fahrrad gekauft? — Péter hat sich *doch* ein Fahrrad gekauft. （だれが自転車を買ったって言うの？— だからPeterが買ったんだよ．）

(14b) Da hat wahrscheinlich wieder keiner den Mülleimer ausgeleert. — Nein, das stimmt nicht! Máx hat *doch* vorher den Eimer mit runtergenommen. （たぶんまた誰もゴミバケツのゴミを捨てなかったわね．— いや，そんなことはないよ．だってMaxがさっきバケツを持って下に降りていったから．）

5.3.5.4. 心態機能の詳細

5.3.5.4.1. 心態詞の自立性

doch が単独で文頭に置かれた場合には，心態詞ではなく，接続副詞となってしまうので，心態詞には文肢性がないということになる．

(15) *Doch* kommt er. （でも彼は来た．）

また，話法詞の場合にはかなりの語がほとんどそのままの意味で応答詞としても用いられるのに対し，心態詞となる語が単独で応答詞として用いられることはない．

(16a) Wohnt Hans hier? — *Aber./*Auch./*Denn.

ja, doch, eben は応答詞としても用いられるが，これらは心態詞とは機能がかなり異なるように感じられるので心態詞として扱われない．

(16b) Wohnt Hans hier? — *Ja*. （Hans はここに住んでいるの．— うん．）

(16c) Wohnt Hans nicht hier? — *Doch*. （Hans はここに住んでいないの．— いや，住んでいるよ．）

(16d) Das wird ihm kaum gelingen. — *Eben*. （それは彼には無理だろう．— まさに．）

心態詞は否定や疑問の対象にはならない（疑問文に使われないということ

ではない).

 (17a) *Er kommt nicht *doch*.
 (17b) *Kommt er *doch*?

　話法詞の場合は，相手の発話した話法詞に対して疑義をはさむような場合に対照アクセントを置いて疑問文に使われることもあるが，心態詞はこれもできない．

 (18a) Er kommt *wahrscheinlich.* — Kommt er *wáhrscheinlich*? （彼はたぶん来ます．—「たぶん」来るっておっしゃるんですか？）
 (18b) Er kommt *doch.* — *Kommt er *dóch*?

また，場合によっては話法詞は対照的に用いられることによって，否定されることもあるが，心態詞はこれができない．

 (19a) Frau Fischer und Herr Blunck haben vermutlich ein Verhältnis. — Die haben nicht *vermutlich* ein Verhältnis, sondern ganz *sicher*. Sie hat mir nämlich erzählt. （Fischer さんと Blunck 氏はたぶん関係があるわ．—「たぶん」じゃなくて「かなり確実に」だね．だって彼女が僕にそう言ったんだから．）
 (19b) *Er hat das nicht *doch*, sondern *hált* gemacht.

　doch や etwa は次のように nicht の後に用いられることがあるが，これは doch や etwa を否定しているわけではない．ここでの nicht は否定機能ではなく，心態機能を持っている．

 (20a) Madame läßt fragen, ob Sie nicht *doch* noch etwas wünschen. (Simmel) （マダムは，あなたがお望みのものがあるのではないかとお尋ねです．）
 (20b) Du rauchst doch nicht *etwa*? （君はまさかたばこは吸わないよね．）

　以上見たように，心態詞が単独で文肢として用いらず，単独で応答詞として用いられないこと，あるいは，否定や疑問の対象にならないということは，心態詞に自立した意味が感じられないためである．それでも心態詞がある場合とない場合には文全体の意味は変わってくるので，心態詞は何らかの意味上の役割は果たしていると考えられる．

5.3. 命題外機能

5.3.5.4.2. 心態詞の用法

心態詞は使われる文タイプが決まっており，同じ心態詞でも文タイプによって別の機能を持つ．以下では心態詞の機能を文タイプ別に想定世界との関係でとらえてみよう．

5.3.5.4.2.1. ドイツ語の文タイプ

文タイプの立て方はいろいろあるが，ここでは心態詞の説明に便利なように形式的な面から次のような六つの文タイプを立てることにしよう（→ 1.2.33.）．

平叙文：定動詞が第2位にある．イントネーションは尻下がりで，文頭に疑問詞を持たない．
　　　　例：Er kommt heute. （彼は今日来ます．）

決定疑問文：定動詞が文頭にあり，イントネーションはふつう尻上がり．
　　　　例：Kommt er heute? （彼は今日来ますか．）
　　　　平叙文の語順をした確認疑問文もある．イントネーションは尻上がり．
　　　　例：Er kommt heute? （彼は今日来ますよね．）

補足疑問文：文頭に疑問詞があり，定動詞は第2位にある．イントネーションはふつう尻下がり．
　　　　例：Wann kommt er? （いつ彼は来ますか．）

命令文：定動詞は命令法で文頭にある．イントネーションは尻下がり．du と ihr に対する命令文は主語がない．
　　　　例：Komm morgen! Kommt morgen! Kommen Sie morgen! （明日来なさい．）

願望文：定動詞は接続法第2式で文頭にある．または接続詞 wenn で導かれる副文の形をとることもある．イントネーションは尻下がり．
　　　　例：Käme er doch heute!/Wenn er doch heute käme! （彼が今日来ればいいのに．）

感嘆文：定動詞はふつう直説法で文頭か第2位にある．副文形式をとり，文末に定動詞があることもある．イントネーションは尻下がりだが，強いアクセントを持つ要素を含む．
　　　　例：Mensch, hast du eine Náse! （君は何て鼻をしてるんだい．）

〈wie＋形容詞/副詞〉または〈was für ein＋［形容詞＋］名詞〉などで始まる文もある．
例：Wie schnell vergeht doch die Zeit！（時は何て早く過ぎるんだろう！）
Was für ein herrliches Bild hast du！（君は何てすばらしい絵を持っているんだ！）

5.3.5.4.2.2. 文タイプと心態詞

　心態詞はそれが使われる文タイプが決まっている．あるひとつの心態詞がいろいろな文タイプに使われ，一見文タイプによって意味が異なるように思える．しかし，よく見比べてみると意味に共通性がないわけではない．本来その心態詞が持つ意味と文タイプの機能が合わさって心態機能を発揮すると考えられる．
　また，それぞれの心態詞は心態詞以外の機能を持つことがある．たとえば，denn は接続詞としても使われるし，ja は応答詞としても使われる．それらとも何らかの意味の共通性はあるものと考えられる．

5.3.5.4.2.2.1. 平叙文に使われる心態詞

　平叙文で表現されている命題は現実世界の事柄として表現されているが，これは話し手が想定した命題が現実世界に認められるということである．すなわち，表現されているのは本来想定世界で形成された命題である（→5.1.3.2.1.）．平叙文に用いられた心態詞は，想定された命題を現実の事柄として述べようとするときに，それが現実世界においてどのように位置づけられるかを表現する．

auch

　　(21a) Und das ist *auch* kein Wunder！（それは驚くべきことでもないね．）

　　(21b) Jetzt möchte ich schlafen gehen. — Es ist *auch* spät.（わたし，もう寝たいわ．— もう遅いしね．）

　話し手は想定した命題が現実世界の他の事柄と同様事実であることを auch を用いて表現する．話し手は他にも現実世界のいろいろな事柄を想定し

5.3. 命題外機能

ており，それらと同様にその命題も事実であるという認識を示そうとしている．

doch

(22a) Ich bin *doch* angemeldet. （私はアポイントメントをとっていましたよね．）

(22b) Wir wollten *doch* ins Theater gehen！（私たちは劇場へ行くはずだったわよね．）

(22c) Gib mir mein Buch zurück！— Ich habe es dir *doch* gestern schon zurückgegeben. （私の本を返してよ．— きのう返したじゃないか．）

心態詞 doch は話し手が想定した命題に反する事態が現実世界に認められたり，あるいは話し手がそれを想定したりしているが，その命題が現実世界でまちがいなく実現しているという話し手の認識を表現する．それだけにその命題を強く肯定する意味合いも含む．

(22b)(22c) のようにはっきりと聞き手が話し手が想定した命題に反する言動をとっている場合に用いられることも多い．この時，聞き手も話し手が想定した命題を事実だと知っているはずではないかという意味を表し，結果的に，非難，反論などを表現する．

eben

(23a) Ich weiß es *eben* nicht. （私はとにかくそれを知らないのだから．）

(23b) Das ist *eben* so. （何しろそうなのだから．）

話し手が想定した命題はさまざまあるが，話し手の発言によって表された命題のみが現実世界に対応することを表す．結果的に，その命題が明白な事実であり，他に可能性がないので受け入れざるを得ないということになる．

einfach

(24a) Ich hatte *einfach* keine Lust, nach Hause zu gehen. （私は家へ帰りたくなかっただけですから．）

(24b) Er ist *einfach* zu gutgläubig. （彼は人がよすぎるだけですよ．）

先行する発話で話題になっている事柄に関連してさまざまな可能性を話し手は想定しているが，それに対して現実世界ではそれらのうちの一つの単純な事柄でしかないことを表現する．

次のように感嘆文に近い文に用いられることもある．発話の命題以外のこ

とには感嘆せず，ただそのことだけに感嘆していることを表現する．

  (24c) Das Wetter ist *einfach* herrlich！（とにかくいい天気だね．）

[ein]mal

  (25a) Der Urlaub ist ［nun］ *einmal* vorbei.（休暇は終わったんだから．）

  (25b) Ich mag es ［nun］ *einmal* nicht.（私はそれがとにかく嫌いなのです．）

 nun を伴うことが多い．mal になることもある．

 その文の命題に反するような事態が現実世界にあるか，または話し手が想定しているが，現実世界ではその命題は既成の事実であり，受け入れざるを得ない，変えることができないということを表す．

halt

  (26a) Das Spiel ist *halt* verloren.（とにかく試合には負けたのだから．）

  (26b) Ich wollte ja nachher mit ihm reden, aber da war er schon so, daß man *halt* nicht mehr reden konnte mit ihm.（Frisch：Andorra）（私は後で彼と話そうと思っていたんです．でももはや彼は話ができるような状態ではなかったのです．）

 話し手が想定した命題が現実世界では既成事実となっており，変えることができないことを表す．結果的に，その命題が明白な事実であり，受け入れざるを得ないことを意味する．

 eben とほぼ同じ機能だが，halt の方は南部で用いられることが多いとされる．

ja

  (27a) Ohne elektrischen Strom ist mit diesem Apparat *ja* nichts zu machen.（Frisch：Homo）（電気がなければこの機械はもちろん使いようがない．）

  (27b) Sie arbeiten *ja* nicht für sich allein.（あなたは自分のためだけに働いているのではないのでしょう．）

  (27c) »Das Fenster hast du auch geschlossen？« »Ich habe es lieber so.« »Es ist *ja* ganz warm draußen.«（Kafka）（「窓も閉めたのかい．」「そうするのが好きなんだ．」「外は結構暖かいよ．」）

 話し手が想定していた命題が現実世界では疑うべからざる事柄であること

5.3. 命題外機能

を表現する．ここではその命題と並行する他の命題は考慮されておらず，ひたすらその命題が事実であることを主張するものと考えられる．doch と異なり ja は先行する発話への反応という側面は弱く，事実性の主張が全面に出る．

否定された命題が先行し，それに対して事実性をさらに強調しようとするときには文アクセントが置かれる．

(27d) Peter ist noch nicht ausgezogen. — Peter ist *já* ausgezogen.
（Peter はまだ引っ越していないよ．— 引っ越したよ．）

ruhig

(28a) Du darfst *ruhig* hereinkommen. （入ってきてかまわないよ．）

(28b) Herr Schmidt kann *ruhig* zuhören. （Schmidt さんは聞いていてかまいません．）

dürfen や können という話法の助動詞と共に用いられる点が特徴的である．

聞き手がその命題が表現する事柄の実現を躊躇，遠慮していることが想定され，その命題が表現する事柄は，現実には安心して，気軽に実現することができる（許されている）ことを表す．この ruhig は命令文に使われる ruhig と同じ機能である．

schon

(29a) Ich verstehe *schon*. （もちろんわかるよ．）

(29b) Du hast *schon* recht. （確かに君は正しいよ．）

(29c) Wird sie rechtzeitig fertig? — Ich hoffe *schon*. （彼女は時間どおりに終わるかい．— もちろんそう思っているよ．）

心態詞 schon は表現された命題が話し手の想定世界においてはすでに実現しているということを表現する．結果的にその命題が現実世界で疑いようのない事実であるという話し手の認識を示す．

単に事実であると述べるのではなく，当然の事実であると述べることにより，一種の認容的な意味が生じ，その後に別の何かが主張されることが多い．

(29d) Das Fleisch ist *schon* schmackhaft, aber leider kalt. （その肉は確かに旨いが，残念ながら冷たくなっているよ．）

schon が現実にはまだ起こっていない事柄に関して用いられると話し手の確信を表す機能を持つ．表現された命題は実際にはまだ起こってはいない事

柄だが，想定世界ではすでに実現した事柄としてとらえられている．結果的にその命題が現実世界でも必ず実現するという話し手の確信を表す．

 (29e) Der Zug wird *schon* pünktlich kommen.　（その列車はきっと時間どおりに来るよ．）

 (29f) Wir finden es *schon*.　（それはきっと見つかるよ．）

5.3.5.4.2.2.2.　決定疑問文に使われる心態詞

 基本的に決定疑問文は，想定していた命題が現実世界にはあてはまるかどうかを尋ねるものである．心態詞は話し手の想定世界のありようを示唆する．

auch

 (30a) Hörst du *auch* zu？　（聞いているんだろうね．）

 (30b) Wird er *auch* wirklich sein Wort einlösen？　（彼は本当に約束は果たすんだろうね．）

 話し手が想定した命題が現実世界で実現されていることを聞き手に確認する．話し手はその命題が事実だと想定していたが，なんらかのきっかけでそれに反する状況を認識したため，その命題が事実かどうかを確かめようとしている．auch を加えることにより，その命題も現実世界の他の事柄と同様事実であるものとして表現される．結果的には事実を確認する文になり，ja の答えを期待していることになる．

denn

 (31a) Ich bringe dich mit dem Auto nach Hause. — Hast du *denn* einen Führerschein？　（君を車で家まで送ってあげるよ．— えっ，免許持っていたっけ？）

 (31b) Verstehst du *denn* nicht？　（わからないっていうの？）

 話し手は表現された命題とは逆の命題を想定していたが，相手の発言または状況から表現された事柄の可能性が認識されたので，それが事実かどうかを問いかけている．このように2つの命題の食い違いを表現することになるので，食い違いの内容によっては(31b)のように聞き手を非難する意味合いを含むこともある．

 感嘆文のように用いられることもある．これも予想外という意味になる．

 (31c) Ist *denn* so was möglich！　（そんなことがありえるって言うの

5.3. 命題外機能

か！）

doch

(32a) Sie sind *doch* Herr Fusi, der Friseur? (Ende: Momo)　（あなたは Fusi さんですよね，床屋の．）

(32b) Er wird *doch* nicht sterben? (Simmel)　（彼は死なないわよね．）

平叙文の語順をした確認疑問文の中で使われる．話し手は自分の想定が現実世界と一致すると思っていたが，現実世界においてそれに反するような事態が認識されたので確認している．結果的に相手に同意を求める表現となる．

次のように定動詞が文頭に置かれた決定疑問文に用いられた場合には文アクセントを持ち，「それでも」という意味が前面に出てくるので，接続副詞と扱われるのがふつうである．

(32c) Ist Peter *dóch* verreist?　（それでも Peter は旅に出たのですか．）

eigentlich

(33a) Warst du *eigentlich* schon einmal in Japan?　（ところで君はもう日本に行ったことがあるの？）

(33b) Geht es deiner Mutter *eigentlich* wieder besser?　（ところで君のおかあさんはまた元気になったの？）

その命題は直接会話の流れに関係するものではないかもしれないが，聞いておかなければならない本質的な命題であるということを表す．

[ein]mal

(34a) Kannst du mir *[ein]mal* sagen, wie spät es ist?　（何時か教えてくれないか？）

(34b) Hältst du mir *[ein]mal* die Tasche?　（かばんをちょっと持っていて．）

[ein]mal が決定疑問文に用いられるのは，それが命令，要求の意味を表す場合に限られる．その命題がたいしたことではない，ちょっとしたことであるということを表す．結果的に命令や要求を和らげることになる．

etwa

(35a) Willst du *etwa* ihn einladen?　（君，まさか彼を招待するつもりなの？）

(35b) Ist er *etwa* krank?　（まさか彼は病気なのかい？）

話し手は想定世界では表現された命題とは逆の命題を当然のこととして想

定していたが，現実世界ではそうではない可能性が出てきたので，ありえないことだと思いながらも尋ねていることを表す．表現された命題通りだと好ましくない，納得できないなどの意味を含み，結果的に相手には否定の答えを期待することになる．

平叙文の語順を持つ確認疑問文で，doch nicht etwa の形で用いられるとその事柄に反発する態度がより明確に表示される．

(35c) Du erwartest *doch nicht etwa*, daß ich das glaube？（まさか私がそれを信じるなんてことは期待していないだろうね．）

(35d) Er ist *doch nicht etwa* krank？（まさか彼は病気じゃないよね．）

5.3.5.4.2.2.3. 補足疑問文に使われる心態詞

補足疑問文では疑問詞を除いた命題は話し手によって事実として認識されている．心態詞は平叙文の場合と同じように，想定世界の命題が現実世界でどのように位置づけられるかを表現する場合と，決定疑問文と同じように，話し手の想定世界のありようを示唆する場合とがある．

auch

(36a) Ich bin heute sehr müde. — Warum gehst du *auch* immer so spät ins Bett？（今日はとても眠いよ．— 何でいつもそんなに遅く寝るんだい．）

auch が平叙文に用いられたのと同様，疑問詞を除いた命題の事実性を強調する．結果的に反論や非難などの意味が加わることが多い．

warum, wie などの疑問詞で始まる疑問文に sollen が用いられた修辞疑問文では，上とは逆に，疑問詞や sollen を除いた命題が事実でないこと，あり得ないということが表される．

(36b) Es scheint was Wahres daran zu sein, obwohl ich mir Schneider absolut nicht als kaltblütigen Mörder vorstellen kann. — Warum sollte er *auch* so etwas tun？(MK)（私には Schneider が冷血な殺人鬼だとは思えないが，それはどうも本当のことらしい．— 何で彼がそんなことをするというんだ．）

bloß

(37a) Was ist *bloß* mit ihm geschehen？（彼はどうしたというのだろ

5.3. 命題外機能

(37b) Wo ist *bloß* der Autoschlüssel? （車の鍵はどこにあるんだろう．)

話し手はさまざまな問題がありえると想定しているが，現実世界で問題になるのはそのことだけであることを表す．結果的に答えが差し迫って必要であることを表現する．

補足疑問文の形をした修辞疑問文や感嘆文においても用いられる．この場合にもそのことが特に問題になることを表している．

(37c) Weshalb mußte er *bloß* wegfahren! （なぜ彼は去らなければならなかったというのだ．)

(37d) Wie siehst du *bloß* wieder aus! （またなんて格好なんだ．)

denn

(38a) Was hast du *denn* da? （そこに何を持っているんだい．)

(38b) Wo bist du *denn* so lange geblieben? （こんなに長いことどこへ行ってたんだ．)

話し手は疑問詞を除いた命題を，発話に先行する相手の言動，その場の状況などに関連付けている．関連付けられる内容によって(38a)のように好意的な響きを持つこともあるし，(38b)のように非難の響きを持つこともある．

自分が想定した命題が相手によって否定されたような場合，denn が文アクセントを持って現れる．この場合，「そう言うのは」という意味で，相手の発言に直接関係する．

(38c) Ich heiße nicht Peter. — Wie heißt du *dénn*? （僕の名前は Peter じゃないよ．— それじゃ，君は何て名前なんだ．)

doch

(39a) Wo arbeitest du *doch*? （どこで働いていたっけ．)

(39b) Er lächelte verwirrt und stammelte: »Nein, so ein Zufall, Herr ... Wie war *doch* gleich der werte Name?« (Kästner: Miniatur) （彼は動揺した様子で笑いを浮かべ，口ごもりながら言った．「いいえ，偶然のことですよ，ええっと，お名前はなんでしたかね．」)

補足疑問文で尋ねるということは，本来は話し手が疑問詞に対応する内容を知らないということである．しかし，話し手にそれを本当は知っているという想定がある場合，知っているにもかかわらずそれを尋ねていることを表すために doch が用いられる．現在のことであっても過去形が用いられるこ

とがある．前は知っていたという話し手の意識が働くためであろう．

eigentlich

 (40a) Warum sind sie *eigentlich* geschieden? （ところで彼らはどうして離婚したの？）

 (40b) [...], aber du bist doch ein Kind — wie alt bist du *eigentlich*? (Ende: Momo) （でも君はこどもじゃないか．ところでいくつなんだい．）

その命題は直接会話の流れに従うものではないかもしれないが，聞いておかなければならない本質的な命題であるということを表す．eigentlich は形容詞として「本当の」，話法詞として「本来は」という意味を表す．心態詞でも本来のことに戻って質問するという意味を込めていると思われる．

 eigentlich が文アクセントを持っている場合には「本当は」という意味が前面に出てくる．

 (40c) Wie heißt er *eigentlich*? （彼の本当の名前は何ですか．）

nur

 (41a) Wie kam ich *nur* an ein paar Schillinge? （私はどうやって数シリングを手に入れることができたのだろうか．）

 (41b) Mein lieber, lieber kleiner Kerl, wo bist du *nur* gewesen? Was ist dir passiert? （わたしの大事な大事な息子よ，おまえはいったいどこにいたっていうんだい．何が起こったんだい．）

話し手はさまざまな問題がありえると想定しているが，現実世界で問題になるのはこの問いだけであることを表す．結果的に，答えが差し迫って必要であることを表現する．

修辞疑問文，感嘆文として用いられる場合もある．

 (41c) Weshalb mußte er *nur* wegfahren! （なぜ彼は去らなければならなかったというのだ．）

 (41d) Wie siehst du *nur* wieder aus! （またなんて格好なんだ．）

schon

 (42a) Wen interessierte *schon* die dreckige Luft, wenn zu befürchten war, daß das Autofahren zu teuer und damit unmöglich werden konnte. (Spiegel) （車に乗るのが高すぎて不可能になるかもしれないと懸念されたときにだれが空気が汚れていることなどに興味を示

5.3. 命題外機能

しただろうか．）
- (42b) Wer weiß *schon*, wie das ist？ （それがどういうことなのか誰が知る由もあろう．）
- (42c) Was liegt ihm *schon* an dem Buch？ （彼にとってその本がどれだけの価値があろうか．）

修辞疑問文で用いられる．実際には(42a)は「誰も興味を示さない」，(42b)は「誰も知らない」，(42c)は「何の価値もない」ということを意味している．schon は話し手の想定世界ではそれがすでに明白な事実となっていることを表現する．

5.3.5.4.2.2.4. 命令文に使われる心態詞

命令文の命題は想定されたもので，現実世界ではそれはまだ実現していない．話し手はそれを実現させようという意図を持っており，心態詞は，その時どのような想定がなされているのか，あるいはその命題が現実世界とどう関係するかなどを表現する．

auch

- (43a) Und sei *auch* brav！ （お行儀よくしてなくてはだめでしょう！）
- (43b) Nun iß *auch* schön deine Suppe！ （スープはちゃんと飲みなさいよ！）

その他のことと並んで，本来ならなされるべきである事柄であることを表す．心態詞の auch は平叙文や疑問文でも他と同じように事実と見なされていることを表す．命令文の場合も他と同じようになされるべきであるという当然さを表現している．

bloß

- (44a) Gib *bloß* nicht so an！ （そんな大口をたたくな．）
- (44b) Glaub *bloß* nicht, daß du dich vor mir verstecken kannst. (Simmel) （私から隠れられるなんか思うなよ．）

話し手はさまざまなことを想定しているが，その中でも特に実現すべきひとつの事柄を取り上げて命令を発していることを表す．結果的には，他のことをさしおいてもそれをするしかない，それを怠るとたいへんなことになるという気持ちが表現される．

不定詞と共に文頭で用いられたり，省略された命令文で用いられたりもする．

    (44c) *Bloß* aufpassen！（気をつけなさいよ．）

    (44d) *Bloß* langsam！（ゆっくりとね．）

    (44e) *Blóß* nicht！（それはやめて！）

doch

    (45a) Hört uns *doch* endlich einmal an！（とにかく一度私たちの言うことを聞きなさい！）

    (45b) Laßt mich *doch* los！（いいかげん私を離してくださいよ！）

相手の現実の態度などから相手がそれをしないという事態が想定され，それに反してぜひさせなければという気持ちが表現される．しないことへの対立という観点から doch が用いられる．

eben

    (46a) Wenn du deine Arbeit rechtzeitig fertig haben willst, dann bleib *eben* mal zu Hause und arbeite．（君の仕事を期限通り終わらせたいなら，家にいて仕事するしかないじゃないか！）

    (46b) Dann steh *eben* etwas früher auf！（それならもうちょっと早起きするしかないじゃないか．）

さまざまな可能性が想定されてはいるが，条件から考えて他の選択はないことを表す．まさにそうするより他にない，しかたがないという気持ちを表現する．

einfach

    (47) Ich werde immer dicker. — Iß doch *einfach* weniger！（私，太る一方だわ．—食べるのを減らせばすむことじゃないか．）

聞き手は現在問題になっている問題の解決が困難であると考えているものと話し手は想定する．それに対して現実世界での解決に向けて行うべきことは単純であることを表現する．

[ein]mal

    (48a) Komm *mal* her！（ちょっとこっちへおいで．）

    (48b) Reich mir *mal* das Brot！（ちょっとパンをとってくれないか．）

本来は einmal からできた語であるが，mal という形で命令文でごくふつうに用いられるようになっている．想定世界では聞き手が躊躇することが想

5.3. 命題外機能

定され，ちょっとしたことだということを表すことによって，結果的に命令を和らげる働きをする．

halt

(49) Arbeite *halt* schneller！（急いで仕事をするしかないじゃないか！）

想定世界の中ではさまざまな可能性が想定されてはいるが，条件から考えて他の選択はないことを表す．そうするより他にない，しかたがないという気持ちを表現する．

eben とほぼ同じ機能だが，halt の方は南部で用いられることが多いとされる．

ja

(50a) Arbeite *já* fleißig！（一生懸命働きなさいよ．）

(50b) Vergiß *já* nicht den Schlüssel！（鍵を忘れないようにね．）

常に文アクセントを持つ．想定世界での命題が現実世界と一致することを強く要求する．結果的に警告，脅しなどになることが多い．

man

(51a) Red *man* nicht so viel！（そんなにしゃべるなよ．）

(51b) Laß das *man*！（そんなことほっておけよ．）

mal と同じような働きをする．

nur

(52a) Und doch, sehen Sie *nur*, meine Herren, der rinnende Sand ist mitten im Fall stehengeblieben！(Ende：Momo)（諸君，とにかく見てくれたまえ，流れ落ちる砂が途中で止まってしまった．）

(52b) Störe mich *nur* nicht bei der Arbeit！（仕事のじゃまだけはしないでくれよ．）

(52c) Geht *nur* aus dem Wege！（そこをどいてくれよ．）

さまざまなことが想定されているが，その中でも特にひとつの事柄を取り上げて命令を発していることを表す．結果的には，他のことをさしおいてもそれをするしかない，それを怠るとたいへんなことになるという気持ちが表現される．

場合によっては，実現してもたいしたことではないということが表現される．

(52d) Mach mich *nur* zur Säuferin, mach *nur*, mach *nur*, wirst schon sehen, wie schön das ist, wenn ich ins Delirium tremens verfalle ... (Simmel)　（いいからアル中にさせてよ，いいから，いいから，私が飲酒家譫妄(せんもう)になったらどれだけすてきか見せてあげるから）

(52e) Laß ihn *nur* reden!　（しゃべらせとけよ！）

ruhig

(53a) Komm *ruhig* herein!　（どうぞどうぞおはいりなさい！）

(53b) Nimm dir *ruhig* noch etwas Kuchen!　（ほらほらもっとケーキをとってよ．）

　この場合 ruhig は命題に対して用いられるのではなく，bitte などと同じように聞き手に対する働き掛けである．安心してしなさいという気持ちを表現する．

schon

(54a) Schreib ihm *schon* einen Brief!　（いいかげんあの人に手紙を書きなさいよ！）

(54b) Hör *schon* auf damit!　（いいかげんそれをやめなさい．）

　想定世界ではその命題はすでに実現されたものとなっている．現実世界から見ると「すでに」という関係になる．結果的に「早くしなさい」という気持ちが表現される．

5.3.5.4.2.2.5.　願望文に使われる心態詞

　願望文で表現されている命題は想定されたもので現実世界では実現していないものである．しかし話し手はその事柄を要求できる立場ではないので命令文にはならない．心態詞は，話し手の中でどのような想定がなされているのか，あるいはその命題が現実世界とどう関係するかなどを表現する．

bloß

(55a) Wenn er *bloß* bald käme!　（彼が早く来さえすればなあ．）

(55b) Hätte er *bloß* etwas gesagt!　（彼が何か言っていさえすればなあ．）

　話し手はさまざまなことを想定している，あるいは想定されると考えているが，実際に願っているのはそれだけであることを表す．結果的に差し迫っ

5.3. 命題外機能

た願望であることを表現する．

doch

 (56a) Wenn *doch* nur Michael hier wäre！（Michael さえここにいてくれればなあ．）

 (56b) Käme der Brief *doch* bald！（手紙が早く来さえすればなあ．）

 想定世界の命題が現実世界に対立することを表す．それにもかかわらずその実現を願っていることになり，結果的に強い願望を表す．

nur

 (57a) Wenn er *nur* bald käme！（彼がすぐに来さえすればなあ．）

 (57b) Hätte er *nur* etwas gesagt！（彼が何か言ってさえすればなあ．）

 話し手はさまざまなことを想定している，あるいは想定されると考えているが，実際に願っているのはそのことだけであることを表す．結果的に差し迫った願望であることを表現する．

5.3.5.4.2.2.6. 感嘆文に使われる心態詞

 感嘆文は現実世界の事柄が表現されているが，想定された命題と現実世界の事柄が食い違っている．心態詞はこの食い違いがどのようなものか，あるいはどのように大きいのか，などを表現する．

aber

 (58a) Du bist *aber* gewachsen！（君は大きくなったじゃないか．）

 (58b) Schmeckt dieser Wein *aber* gut！（このワイン，うまいじゃないか．）

 話し手はその命題を想定はしていたが，それは現実世界と大きく異なっている．aber はこの違いが大きいことを表現する．同じく感嘆文に使われる vielleicht に対して，aber は量的な対立（思ったよりも多いなど）に用いられることが多いと言われる．

doch

 (59) Wie klug er *doch* ist！（彼は何て賢いんだ．）

 想定世界では表現された命題と完全に対立する内容が想定されている．結果的に表現された命題の事実性を強調する働きとなる．

nicht

(60a) Was du *nicht* sagst！（おまえはなんてことを言うんだ．）

(60b) Wie schön ist *nicht* die Natur！（自然はなんとすばらしいことか．）

文に現れた nicht 自体に否定の意味はない．表現された命題と反対の状況を想定していたことの現れとして nicht が出てきたのだろう．

nicht alles の形で用いられることも多い．

(60c) Was du *nicht alles* weißt！（おまえは何でも知っているんだなあ！）

(60d) Was es da *nicht alles* gab！（そこには何でもあったんだなあ！）

vielleicht

(61a) Das war *vielleicht* eine anstrengende Arbeit！（あれは何というたいへんな仕事だったことか．）

(61b) Heute ist es *vielleicht* kalt！（今日は何と寒い日なのか．）

その命題は事実であるが，想定世界で想定できた可能性のうちの一つ，つまりほとんどあり得ないことであるということを表現することになる．結果的にたぐいまれなという意味の感嘆を表す．

5.3.5.5. 心態詞の結合

心態詞は一つの文に二つ以上使われることがある．前に見たように心態詞によっては特定の文タイプにしか現れないという制限があるので，そのような制限が相反するような心態詞同士は原則として一緒には現れない．そして，心態詞が二つ以上使われる場合にはある一定の順序に従って並べられる．

Thurmair(1988：282)によると，二つの心態詞の結合として次のようなものがある．文タイプ別に挙げる．

［平叙文］

denn auch, denn doch

doch einfach, doch mal, doch ruhig, doch schon

eben einfach

einfach mal

halt eben, halt einfach

ja auch, ja eben, ja einfach, ja mal, ja schon

ruhig mal

5.3. 命題外機能

［決定疑問文］
auch já
denn auch, denn eigentlich, denn etwa
［補足疑問文］
auch schon
denn auch, denn bloß, denn eigentlich, denn nur, denn schon
［命令文］
auch já
bloß já
doch bloß, doch einfach, doch mal, doch nur, doch ruhig, doch schon
eben einfach, eben mal
halt eben, halt einfach, halt mal, halt schon
nur já, nur mal, nur ruhig
ruhig mal
［願望文］
doch bloß, doch nur
einfach mal
［感嘆文］
aber auch, auch bloß, auch nur
doch bloß, doch nur

この中で mal はそもそも命令文または要請の意味を持った決定疑問文（話法の助動詞などが入っている）にしか用いられないし、同様に ruhig も命令文または要請の意味を持った平叙文にしか用いられない。上の一覧表でこれらを含む doch mal, doch ruhig, einfach mal, ja mal, ruhig mal などが平叙文で用いられるのは、やはり話法の助動詞などを含み、要請の意味を持つ場合である。

また、denn は denn auch, denn doch の組み合わせにおいてのみ平叙文に現れ、já も auch との組み合わせにおいてのみ決定疑問文に現れる。

(62a) Er verstand, wenn ich langsam sprach, so viel Deutsch wie ich das entsprechende Französisch. Wir haben uns *denn auch* brav nachher unsere Aufsätzlein geschickt. (MK) （私がゆっくりしゃべれば彼は私が対応するフランス語を理解する程度にはドイツ語

がわかった．そこで私たちはお互いにその後何度も論文を送りあったのだった．)

(62b) Rosalie entlohnte den Schiffer, denn die Rückfahrt sollte *denn doch* der Einfachheit halber zu Lande, mit der Straßenbahn, vonstatten gehen.（MK）（Rosalie はその船頭に報酬を支払った．それは帰り道は結局やはり面倒がないように陸路の路面電車にすることになっていたからである．)

また，aber も auch もふつう疑問詞のある感嘆文には現れないが，結合すると可能になる．auch bloß, auch nur も疑問詞のある感嘆文に用いられる．

(63a) Was du *aber auch* für Leute kennst！（君はなんという人たちと知り合いなんだ！）

(63b) Wie kann man *auch bloß* blöd sein und im Winter die Handbremse anziehen！（冬にハンドブレーキを引くなんてなんでそんなばかなことをするんだ！）

以上のようにいくつか特別な用法もあるが，いくつかの心態詞が結合した場合は，基本的にはそれぞれの心態詞が持つ機能が加算されたものと考えてよい．

5.3.5.6. 心態詞とその同音異義語

この章では心態詞という機能をもつ語について見てきたが，ほとんどの語は心態詞以外の機能も持つ．心態詞としての機能とその他の機能の間にまったく関係がないわけではない．むしろ，その語の基本的な意味は共通で，それが用いられる環境によって，さまざまな機能を持って表面に現れてくると考えられるのである．denn と doch の例で見てみよう．

denn

並列の接続詞：Der Frühling ist da, *denn* die Bäume grünen.（春がやってきた．というのは木々が緑だから．)

心態詞（決定疑問文）：Ich bringe dich mit dem Auto nach Hause. — Hast du *denn* einen Führerschein？（君を車で家まで送ってあげるよ．— えっ，免許持っていたっけ？)

心態詞（補足疑問文）：Woher kommst du *denn*？（どこから来たんだい．)

5.3. 命題外機能

　　　　Wie heißt er *dénn*?　（それじゃ彼の名前は何というんだい．）

　並列の接続詞の場合，前文の内容の判断理由を表現する．上の文の場合，「木々が緑だから春である」というわけではない．「木々が緑である」というのは「春である」と判断した理由を述べている．心態詞でも相手がそのように判断したこと，そのように述べたこと，あるいはその場の状況を受けての発話であることを表す．denn が文アクセントを持って発音されると，特に先行する相手の発話に直接関係することを表す．

doch

並列の接続詞：Ich habe lange gewartet, *doch* sie ist nicht gekommen.　（私は長く待った．しかし，彼女は来なかった．）

接続副詞：Ich habe lange gewartet, *doch* ist sie nicht gekommen.　（私は長く待った．しかし，彼女は来なかった．）

接続副詞：Es war mir verboten, das Buch zu lesen, ich habe es *doch* getan.　（私はその本を読むことを禁じられていたが，読んでしまった．）

心態詞（平叙文）：Ich bin *doch* angemeldet.　（私はアポイントメントをとっていましたよね．）

心態詞（決定疑問文）：Er wird *doch* nicht sterben？(Simmel)　（彼は死なないわよね．）

心態詞（補足疑問文）：Wo arbeitest du *doch*？　（どこで働いていたっけ．）

心態詞（命令文）：Laßt mich *doch* los！　（いいかげん私を離してくださいよ！）

心態詞（願望文）：Wenn *doch* nur Michael hier wäre！　（Michael さえここにいてくれればなあ．）

　接続詞や接続副詞からは先行する文との対立が読みとれるが，doch は対立と同時にその文で表現された命題が現実世界の事柄と一致していることを強調する．心態詞としての用法でも，この対立と一致ということのどちらかに重点が置かれて現れてくるものと考えられる．しかしいずれの場合にもこの二つの要素をその中に含んでいる．

　このように心態詞としての用法と他の用法の間には意味の共通性がある．ただし，心態詞の場合にはその語の持つ基本的な意味がふつう前面に出て来るわけではない．そこに心態詞の意味をとらえる場合の困難さがある．

心態詞として上にあげなかったものでも，場合によっては心態機能を持ってくることがある．以下にいくつかの例を示す．

(64a) Bist du *bald* still？（いい加減に静かにしてくれるかい．）
(64b) Wie hieß er schon *gleich*？（彼は何ていう名前だっけ．）
(64c) Wer soll das schon *groß* wissen？（誰がそんなことを知っているというんだね．）
(64d) Du wirst heute *hübsch* zu Hause bleiben．（おまえは今日ちゃんと家にいるんだよ．）
(64e) Wo habe ich denn *jetzt* meine Brille hingelegt？（私はめがねをどこに置いたっけ．）
(64f) Wie hieß er *noch*？（彼は何ていう名前だっけ．）
(64g) Wie hieß sie doch *rasch*？（彼女の名前は何でしたっけ．）
(64h) Wie hieß er *schnell*？（彼は何ていう名前だっけ．）
(64i) Seid *schön* brav！（ちゃんといい子にしていなさい．）
(64j) Wer ist denn das *wieder*？（それは誰だっけ．）

本来は時間関係を表す副詞が多いが，bald, gleich, rasch, schnell などは早く思い出せという自分自身に対する気持ちが表現されていると考えられるし，同様に wieder は「もう一度思い出せ」，noch は「まだ知っているはずだ」というような気持ちが表現されていると考えられる．hübsch, schön なども命令文で「きちんと」のような意味が読みとれる．

このように心態詞とそれ以外の機能の境界は流動的で，現在は心態詞以外の用法がふつうであっても，将来心態詞として頻繁に使われるようになるという可能性はある．

5.3.6. 応答機能（応答詞）

応答詞（Antwortpartikel）とはそれ一語で文となる副詞である．これらは主に先行する発話の答えとして用いられる．「文相当詞」（Satzäquivalent）と呼ぶ文法もあるが，それにはふつう「間投詞」（Interjektion）や「感嘆詞」（Ausrufewort）と呼ばれる ah, pfui, pst なども含まれることになる．ここではそれらは除外するために「応答詞」と呼ぶ．

5.3.6.1. 応答詞の形と位置

応答詞も語形変化はしない．

応答詞は次のように単独で用いられるか，他の文からは独立した形で用いられる．

- (1a) Kommt er heute？ — *Ja.*/*Ja*, er kommt heute. （彼は今日来ますか？ — はい．/はい，今日来ます．）
- (1b) Kommt er heute？ — *Vielleicht*. （彼は今日来ますか？ — ひょっとしたらね．）
- (1c) Es regnet. — *Wirklich*？ （雨が降っているよ．— ほんとう？）
- (1d) Möchten Sie noch eine Tasse Tee？ — *Bitte*. （もう一杯お茶をいかがですか？ — いただきます．）

5.3.6.2. 応答機能

応答詞は一語で文を形成している．ただし，それは

(2a) Wann kommt er？ — *Morgen*. （彼はいつ来るの？ — あしただよ．）

と答えるような場合とは異なる．この morgen は er kommt ... という文の欠けた情報を埋めるものでしかない．言い換えれば Morgen. というのは er kommt の部分が省略されたものに過ぎない．ところが，

(2b) Kommt er？ — *Ja*. （彼は来るの．— うん．）

では ja は er kommt という文そのものをその中に含んでいる．er kommt という文を一旦取り込んだ上でその文の有効性に対する判断を述べている．文が一つの判断を表すならば応答詞も判断の表現である．Wirklich？ と尋ね返す場合も同様に先行する文の内容をその中に取り込んだ上で，尋ね返しているし，Bitte. と答える場合にも先行する文の内容を取り込んで，それを命令，あるいは依頼という形で相手に投げ返しているのである．

このように応答詞は先行する文の内容を取り込んでいるので，単独で使われてもその中に命題を含むと見ることができる．

5.3.6.3. 応答詞の種類

応答詞は相手からなんらかの働きかけがあった場合に応答するものである．最も典型的なものは決定疑問文による問いかけに対するものであろう．あるいは相手の命令や申し出に対する応答もあるし，相手が何らかの事実を

述べたにすぎない場合にでも相づちとして応答する場合がある．

5.3.6.3.1. 疑問に対する応答詞
否定を含まない決定疑問文に対しては，ja または nein で答える．
- (3a) Ist er schwer verletzt? — *Ja*, er ist schwer verletzt. （彼は重傷ですか．— はい，重傷です．）
- (3b) Ist er schwer verletzt? — *Nein*, er ist nicht schwer verletzt. （彼は重傷ですか．— いいえ，重傷ではありません．）

否定を含む疑問文には，doch または nein で答える．
- (4a) Ist er nicht schwer verletzt? — *Doch*, er ist schwer verletzt. （彼は重傷ではないのですか．— いいえ，重傷です．）
- (4b) Ist er nicht schwer verletzt? — *Nein*, er ist nicht schwer verletzt. （彼は重傷ではないのですか．— はい，重傷ではありません．）
- (5a) Hast du keine Zeit? — *Doch*, ich habe Zeit. （君は時間がないの？— いや，あるよ．）
- (5b) Hast du keine Zeit? — *Nein*, ich habe leider keine Zeit. （君は時間がないの？— うん，残念ながらないんだ．）

話法機能を持つ語のうちいくつかは応答詞としても機能する．
- (6) Ist er schwer verletzt? — *Vielleicht.*/*Wahrscheinlich.*/*Leider.* （彼は重傷ですか．— ひょっとしたら．/おそらく．/残念ながら．）

5.3.6.3.2. 申し出に対する応答詞
相手の申し出に対して，bitte によってそれを受け入れることを，danke によってふつうはそれを受け入れないことを表現する．
- (7a) Möchten Sie noch eine Tasse Tee? — *Bitte*. （お茶をもう一杯いかがですか．— いただきます．）
- (7b) Möchten Sie noch eine Tasse Tee? — *Danke*. （お茶をもう一杯いかがですか．— ありがとう．結構です．）
- (8a) Soll ich Ihnen helfen? — *Bitte*. （お手伝いしましょうか．— お願いします．）
- (8b) Soll ich Ihnen helfen? — *Danke*. （お手伝いしましょうか．— ありがとう．結構です．）

danke は場合によっては Ja, danke. という意味になることもあるので，拒絶をはっきりさせるためには Nein, danke. または Danke, nein. と言う．

5.3.6.3.3. 陳述に対する応答詞
回答を求めない陳述文に対しても反応を表現することがある．それは単に話を聞いているという意味のこともあるし，同意，反論のこともある．

- (9a) Der Film war sehr interessant. — *Ja*. (あの映画はとてもおもしろかったね．— そうね．)
- (9b) Heute wird es schneien. — *Ja*? / *Wirklich*? (きょうは雪が降るよ．— えっ，そう？/本当？)
- (9c) Das stimmt nicht! — *Doch*. (それはちがうよ．— いや，そうだよ．)
- (9d) Das wird ihm kaum gelingen. — *Eben*. (それは彼には無理だろう．— まさに．)

5.3.6.3.4. 命令・呼びかけに対する応答詞
命令に対して反応する場合にも ja, nein が用いられる．

- (10a) Mach bitte die Tür auf! — *Ja*. (ドアをあけて．— わかったよ．)
- (10b) Gehen Sie mit ihm voraus! — *Jawohl*. (彼と先に行っていてくれたまえ．— 承知しました．)
- (10c) Hilf mir bitte! — *Okay*. (手伝ってよ．— わかった．)
- (10d) Komm mit! — *Nein*. (いっしょに来い．— 行きません．)

なお，呼びかけに対しても ja で答える．

- (11) Michael! — *Ja*. (Michael! — はい．)

5.3.6.3.5. その他の応答詞
bitte は相手の感謝や謝罪に対する応答として用いられる．

- (12a) Danke schön. — *Bitte*. (ありがとう．— どういたしまして．)
- (12b) Entschuldigen Sie! — *Bitte*. (ごめんなさい．— いいんですよ．)

bitte は聞き返しに使われることもある．Wie bitte? と言うこともある．

- (13) Wie komme ich zum Museum? — *Bitte*? (博物館はどう行ったらいいんですか．— なんとおっしゃいましたか．)

主要な参考文献

紙面の都合上,参考文献をすべて挙げることはできない。以下は主なものだけである.

Adamzik, K.: *Probleme der Negation im Deutschen. Studien zur zeitgenössischen Grammatikographie*, Münster 1987.

Altmann, H.: *Die Gradpartikeln im Deutschen. Untersuchungen zu ihrer Syntax, Semantik und Pragmatik*, Tübingen 1976.

Altmann, H.: *Gradpartikel-Probleme. Zur Beschreibung von „gerade, genau, eben, ausgerechnet, vor allem, insbesondere, zumindest, wenigstens"*, Tübingen 1978.

Bartsch, R.: *Adverbialsemantik*, Frankfurt a.M. 1972. (*Linguistische Forschung* 6)

Bublitz, W.: *Ausdrucksweisen der Sprechereinstellung im Deutschen und Englischen*, Tübingen 1978. (*Linguistische Arbeiten* 57)

Clément, D./Thümmel, W.: *Grundzüge einer Syntax der deutschen Standardsprache*, Wiesbaden 1975.

Dieling, K.: *Modalwörter des Wissens und Glaubens —Versuch einer Klassifizierung—*, In: *Deutsch als Fremdsprache* 4, 1985, S.207-216.

Dieling, K.: *Zur Subklassifizierung der deutschen Modalwörter*, In: *Deutsch als Fremdsprache* 3-4, 1986, S.144-148, 207-214.

Dirven, R.: *A Performative Approach to Germen „sicher" and Dutch „zeker"*, In: ten Cate, A.P./Jordens, P. (Hg.): *Linguistische Perspektiven. Referate des 7. Linguistischen Kolloquiums,* Tübingen 1973, S.220-229. (*Linguistische Arbeiten* 5)

Doherty, M.: *„noch" and „schon" and their presuppositions,* In: Kiefer, F./Ruwet, N. (Hg.): *Generative Grammar in Europe,* Dordrecht 1973, S.154-177.

Doherty, M.: *Epistemische Bedeutung*, Berlin 1985. (*studia grammatica* XXIII)

Duden: *Grammatik der deutschen Gegenwartssprache*. 5., völlig neu bearb. u. erw. Aufl., Mannheim 1995.

Eisenberg, P.: *Grundriß der deutschen Grammatik*. 2. überarbeitete und erweiterte Aufl. Stuttgart 1989.

Engel, U.: *Deutsche Grammatik*. Heidelberg 1988.

Gerstenkorn, A.: *Das „Modal"-System im heutigen Deutsch*, München 1976, (*Münchiner Germanistische Beiträge* 16)

Gornik-Gerhardt, H.: *Zu den Funktionen der Modalpartikel „schon" und einiger ihrer Substituentia*, Tübingen 1981.

Heidolph, K.E./Flämig, W./Motsch, W. (Hg.): *Grundzüge einer deutschen Grammatik*, Berlin 1981.

Helbig, G.: *Studien zur deutschen Syntax*, Bd. 2, Leipzig 1984.

Helbig, G.: *Lexikon deutscher Partikeln*, Leipzig 1988.

Helbig, G./Albrecht, H.: *Die Negation*, Leipzig 1990.

Helbig, G./Buscha, J.: *Deutsche Grammatik. Ein Handbuch für den Ausländerunterricht*, 1986 Leipzig.

Helbig, G./Helbig, A.: *Lexikon deutscher Modalwörter*, Leipzig 1990.

Heringer, H.J.: *Ja, ja, die Partikeln! Können wir Partikelbedeutungen prototypisch erfassen?*, In: *Zeitschrift für Phonetik und Sprachwissenschaft und Kommunikationsforschung*, 41, 1988, S.730-754.

Hoberg, U.: *„Vielleicht-Wahrscheinlich-Sicher" Bemerkungen zu einer Gruppe von pragmatischen Adverbialien*, In: Moser, H. (Hg.): *Linguistische Studien IV*, 1973 Düsseldorf, S.87-102. (*Sprache der Gegenwart*, 24)

Inokuchi, Y.: *Modalwörter und Satzmodi. Zur Struktur der Modalitäten im Deklarativsatz*. In: Harweg, R./Kishitani, S./Scherner, M. (Hg.): *Die deutsche Sprache—Gestalt und Leistung. Hennig Brinkmann in der Diskussion*. Münster 1991, S. 135-149.

Kolde, G.: *Zur Funktion der sogenannten Modaladverbien in der deutschen Sprache der Gegenwart,* In: *Wirkendes Wort*, 20, 1970, S.116-125.

König, E./Stark, D./Requardt, S.: *Adverbien und Partikeln. Ein deutsch-englisches Wörterbuch*, Heidelberg 1990.

König, E.: *Temporal and non-temporal uses of „noch" and „schon" in German,* In: *Linguistics and Philosophy*, 1, 1977, S. 173-198.

Lang, E.: *Zum Status der Satzadverbiale,* In: *Slovo a Slovesnost*, 40, 1979, S.200-213.

Lehmann, D./Spranger, U.: *Modalwörter in der deutschen Sprache der*

主要な参考文献

Gegenwart, In: *Zeitschrift für Phonetik, Sprachwissenschaft und Kommunikationsforschung,* 19, 1966, S.241-259.

Löbner, S.: *German „schon-erst-noch" — An integrated analysis—,* In: *Linguistic and Philosophy,* 12, 1989, S.167-212.

Pusch, L. F.: *„Ganz",* In: Weydt, H. (1981), S. 31-43.

Shirooka, K.: *ERST und NOCH : Aufwärtsänderung und Abwärtsänderung,* In:『ドイツ文学』, 81号, 1988, S. 100-107.

Stechow, A. von/Wunderlich, D.(Hg.): *Semantik. Ein internationales Handbuch der zeitgenössischen Forschung,* Berlin 1991.

Thurmair, M.: *Modalpartikeln und ihre Kombinationen,* Tübingen 1988. (*Linguistische Arbeiten* 223)

Weydt, H.: *Abtönungspartikel. Die deutsche Modalwörter und ihre französischen Entsprechungen,* Bad Homberg 1969.

Weydt, H. (Hg.): *Aspekte der Modalpartikeln,* Tübingen 1977.

Weydt, H. (Hg.): *Die Partikeln der deutschen Sprache,* Berlin 1979.

Weydt, H. (Hg.): *Partikeln und Deutschunterricht,* Heidelberg 1981.

Weydt, H. (Hg.): *Partikeln und Interaktion,* Tübingen 1983.

Weydt, H. (Hg.): *Sprechen mit Partikeln,* Berlin 1989.

Zifonun, G.: *Satzadverbien und mögliche Umstände—ein Versuch über die propositionale Bedeutung und Sprechaktfunktion von „vielleicht" und „sicher",* In: *Deutsche Sprache,* 1, 1982, S.33-52.

井口　靖：「文の意味構造における Modalwort の位置付け」．ドイツ文法理論研究会 『エネルゲイア』 12号　1986　52-64ページ

井口　靖：「品詞分類とドイツ語の副詞」．三重大学人文学部文化学科 『人文論叢』　1994　11号　71-87ページ

井口　靖：「現実世界と仮想世界 ―ドイツ語 schon, noch, erst をめぐって―」．三重大学人文学部文化学科 『人文論叢』　1998　15号　17-32ページ

岩崎　英二郎：『ドイツ語不変化詞の用例』　1974　大学書林

岩崎　英二郎：『ドイツ語副詞辞典』　1998　白水社

川島　淳夫：『ドイツ語学論集』　1975　クロノス

幸田　薫：「心態詞 doch と日本語の対応表現」．『東京学芸大学紀要第2部門人文科学』　36集　1985　123-132ページ

例文出典

幸田　薫：「心態詞と焦点・前提・対照・強調」．ドイツ文法理論研究会　『エネルゲイア』　12号　1986　40-51ページ

小坂　光一：『応用言語科学としての日独対照研究』　1992　同学社

諏訪田　清：「Wie hieß er noch？について」．名大独文研究室『佐藤自郎教授還暦記念独墺文学論文集』　1986　384-376ページ

関口　存男：『ドイツ語副詞』　1966　三修社　（『文法シリーズ』14）

関口　存男：『ドイツ語学講話第1集』　1978　三修社

宗宮　好和：「文意味と発話意味―やっぱりと doch の場合―」．『ドイツ語学研究 2』　1994　クロノス　165-197ページ

中川　裕之：「話法詞の共起制限について」．東京都立大学人文学部『人文学報　独語・独文学』　284号　1997　253-285ページ

沼田　善子：『「も」「だけ」「さえ」など―とりたて―』　1992　くろしお出版（セルフマスターシリーズ　5）

野入　逸彦：「指示・空間の表現　―『話し手の立場』をめぐって―」．浜崎長寿・乙政潤・野入逸彦編『日独対照研究』　1985　大学書林　128-136ページ

益岡　隆志（編）：『日本語の主題と取り立て』　1995　くろしお出版

三浦　昭/小野寺　和夫：『形容詞・数詞・副詞』　1958　白水社　（『ドイツ語学文庫』 5）

吉田　光演：「ドイツ語心態詞の組み合わせについて」．琉球大学法文学部 *Ryudai Review of Language & Literature* 32号　1987　193-213ページ

例文出典

本文中では［　］内の略号で示した．なお，参考文献で挙げた文献より借用した例文もあるが，その場合にはいちいち出典を明示しなかった．

Ende, Michael : *Momo oder die seltsame Geschichte von den Zeit-Dieben und von dem Kind, das den Menschen die gestohlene Zeit zurückbrachte*, Stuttgart 1973. ［Ende : Momo］

Ende, Michael : *Die unendliche Geschichte. Von A bis Z mit Buchstaben und Bildern versehen von Roswitha Quadflieg, Stuttgart* 1979. ［Ende : Geschichte］

Frisch, Max : *Homo faber. Ein Bericht,* In : *Gesammelte Werke in zeitlicher*

例文出典

Folge, Band IV・1 1957-1963, Frankfurt a. M. 1976, S.5-203.［Frisch：Homo］

Frisch, Max： *Herr Biedermann und die Brandstifter,* In： *Gesammelte Werke in zeitlicher Folge*, Band IV・2 1957-1963, Frankfurt a. M. 1976, S.277-323. ［Frisch：Brandstifter］

Frisch, Max： *Rip van Winkle,* In： *Gesammelte Werke in zeitlicher Folge*, Band III・2 1949-1956, Frankfurt a. M. 1976, S. 781-835. ［Frisch：Winkle］

Frisch, Max： *Andorra,* In： *Gesammelte Werke in zeitlicher Folge*, Band IV・2 1957-1963, Frankfurt a. M. 1976, S. 463-560. ［Frisch：Andorra］

Kafka, Franz： *Das Urteil,* In： *Das Franz Kafka Buch.* Frankfurt a. M. 1983, S. 113-124. ［Kafka］

Kästner, Erich： *Der kleine Mann und die kleine Miss*, Hamburg 1967. ［Kästner：Mann］

Kästner, Erich： *Die verschwundene Miniatur.* Zürich. ［Kästner：Miniatur］

Kramer, Hans-Gert/Linde, Günter： *Sprachen die Neandertaler Englisch? Eine Reise durch die Welt der Sprachen*, Berlin 1993. ［Kramer/Linde］

Leisi, Ernst： *Paar und Sprache*, Heidelberg 1983. ［Leisi］

Lüth, Paul： *Tagebuch eines Landarztes*, München 1983. ［Lüth］

Mannheimer Korpus I. Mannheim： Institut für deutsche Sprache. ［MK］

Süskind, Patrick： *Das Parfum, Die Geschichte eines Mörders*, Zürich 1985. ［Süskind］

Simmel, Johanes Mario： *Bitte, laßt die Blumen leben*, München 1983. ［Simmel］

Der Spiegel. ［Spiegel］

語の索引

A

abend	22, 40
abends	22, 40
aber	121, 141
abwärts	35
allein	64
allerdings	48
allmählich	22, 25
also	22, 47
anders	22, 25, 42
angeblich	102
anscheinend	87, 98
auch	50, 57, 65, 66, 121, 128, 132, 134, 137
aufwärts	35
ausgerechnet	57, 66
ausschließlich	57, 64
außen	21, 30
außerdem	50
außerordentlich	13
äußerst	15, 24

B

bald	22, 23, 38, 146
bedauerlicherweise	87, 92, 112
bedeutend	13
beinahe	16
besonders	9, 13, 66
besser	23, 113, 117, 119
bestimmt	87, 96, 105-106
bisher	39
bitte	147-149
bloß	57, 64, 121, 134-135, 137-138, 140

D

da	21, 30-34, 38
da[r]-	30, 35, 50-52
daher	21, 35, 47
dahin	21, 35
damals	38
danke	148-149
dann	22, 38, 48, 50
denn	121, 122, 132, 135, 142-145
dennoch	48
deshalb	22, 47
deswegen	47
doch	42, 48-49, 120-126, 129, 133, 134, 135, 138, 141, 142-145, 148, 149
dort	21, 25, 30-31
dorther	21, 35
dorthin	21, 25, 26, 35
draußen	21
drinnen	21, 30
drüben	30
dummerweise	87, 94, 113, 117-118

durchaus	9,14,16,42		106-107
	E	gar	10,14,16
		genau	57,64
eben	37,57,64,121,124-125	genug	10,12,19
	129,138,149	gerade	37,57,64-65,66
ebenfalls	65	geradeaus	34
ebenso	42,65	gern	22
eher	22-23	gestern	22,25,26-27,36,37,40
ehrlich	10	gewiß	96,105-107
eigentlich	92,119,133,136	gleich	22,38,78,146
einfach	121,129-130,138	gleichfalls	65
einigermaßen	13	glücklicherweise	87,92,112,116
einmal	22,38,41,66-67	gottlob	92,112
	130,133,138		**H**
einst	38		
einzig	10,58,64	halt	121,130,139
endlich	41	her	21,34,35
erst	58,70-79	her-	34-35
etwa	17,18,119,121,123	heute	22,36,37,40
	126,133-134	heutzutage	37
etwas	10,13	hier	21,25,26,27,30-31
eventuell	97,107-108,110	hier-	52-53
	F	hin	21,26,34,35
		hin-	34-35
fast	10,16	hinweg	26
folglich	22,47	höchstens	69-70
fort	34	hoffentlich	112,118-119
freilich	87,100		**I**
früh	22,40		
	G	immer	10,22,40,41
		immerhin	48
ganz	10,11,13,14,16,19-21	indes	48

indessen	48		
innen	30	**M**	
insbesondere	66	mal	38, 121, 130, 133, 138
inzwischen	38	manchmal	22, 41
irgendwann	38	mehr	12, 22-24, 72
irgendwie	43	mehrmals	41
irgendwo	21, 30	meinethalben	45
		meinetwegen	26-27, 45
J		meinetwillen	45
ja	121, 122, 125, 130-131, 147-149	meist	22-24
jawohl	149	meistens	24, 41
jedenfalls	45	minder	23
jedesmal	41	mindestens	69-70
jedoch	48	mitten	21, 30
jemals	38	möglicherweise	87, 97, 107, 110
jetzt	22, 36, 37, 146	möglichst	24
		morgen	22, 36, 38, 40
K		morgens	22, 40
kaum	17, 103-104	**N**	
keinesfalls	45, 80		
keineswegs	80	nachher	38
klugerweise	114, 115, 118	nachmittag	40
kürzlich	37	nachmittags	40
		nächstens	38
L		nacht	22, 40
lange	2, 22, 25, 40	nachts	22, 40
lediglich	57, 64	natürlich	87, 100
leider	86, 88, 91-94, 112-113, 116, 148	nebenan	30
		nebenbei	50
lieber	22-23, 114, 117	nein	148-149
links	23, 30	neulich	38
		nicht	11, 23, 66-67, 72

	80-85, 141-142	schon	58, 70-79, 121, 131-132
nie	22, 41-42, 80		136-137, 140
niemals	22, 41, 80	schwerlich	17, 103-104
nirgends	21, 30, 80	sehr	10-15, 22-23, 43
nirgendsher	21, 80	seitdem	38
noch	13, 58, 70-79, 146	selbst	57, 66
nun	37	selbstverständlich	100
nur	48-49, 57-61, 63-64, 68-69	selten	10, 22, 41
	121, 136, 139-140, 141, 143-144	sicher	93, 96, 105-106, 116
		sicherlich	87, 96, 106

O

		so	10, 12, 13, 17, 18, 22, 43, 47
oben	21, 24, 30	sofort	38
offenbar	87, 98, 116	sogar	58, 66-67
offenkundig	87, 98	somit	47
offensichtlich	87, 88, 98	sonst	22, 48
oft	22-23, 41	sowieso	47
ohnehin	48	später	38
okay	149	stets	40

R   T

raus	35	tatsächlich	87, 100, 110-111
recht	13		

U

rechts	30		
restlos	14-15	überall	21, 30
richtig	10	überhaupt	10, 16, 92, 119
rings	30	übermorgen	38
rückwärts	35	umsonst	44, 115
ruhig	131, 140	ungefähr	17-18
		unten	21, 30

S   V

scheinbar	87, 98		
schließlich	41, 119	vergebens	44, 115-116

vergeblich	44,115-116	wenig	13,22
vergeblicherweise	44,115	wenigstens	24,69-70
vermutlich	87-90,93,94,96-97 109,126	weshalb	46,55
		wie	6,12,42,43,54-55
viel	10,13,22	wieder	41,146
vielleicht	17,87,88,92,97-98 104,107-110,116,121 142,147-148	wiederum	48
		wieso	46
		wirklich	10,86,87,100,102 110-111,147,149
völlig	14-15		
vorgestern	38	wo	6,21,27,30,34,53-54
vorher	38	wo[r]-	30,34,35-36,50,54-56
vorhin	38	woher	21,35,36,54
vormittag	40	wohin	21,35,36,54
vormittags	40	wohl	23,91,92,97,108-110,116
vorn[e]	24,30	womöglich	87,92,97
vorwärts	35		

W

Z

		ziemlich	10,11,13,17
wahrhaftig	87,100	zu	10,13,19
wahrscheinlich	87-94,97,102 108,109,116,148	zuerst	41
		zugleich	38
wann	6,27,42,54	zuletzt	41
warum	6,46,54	zunächst	38,41
weg	34	zuvor	38
weit	13,22	zweifellos	87,90,99,103,116
weitaus	13	zweifelsohne	87,99,103
weiter	11,23-24		

事項の索引

A-Z

Abtönungspartikel	120
Adverb	1
Angabe	24
Antwortpartikel	146
Ausrufewort	146
Ergänzung	24
Fokuspartikel	58
Gradpartikel	1, 58, 68
Interjektion	146
Interrogativadverb	3
Kausaladverb	44
Konjunktionaladverb	3
Modaladverb	87
Modalpartikel	1, 86, 120
Modalwort	1, 86
Partikel	120
Pronominaladverb	3, 50
Satzadverb	86, 89
Satzäquivalent	146
Satzgliednegation	81
Satznegation	81
Sondernegation	81

い

因果副詞　　8, 9, 21-29, 33, 44-48
　　　　　　51, 54, 56

お

応答詞　　8, 125, 146-149

か

回数を表す副詞	41
下位ランク型とりたて詞	66-67
確認疑問	85, 133, 134
価値判断を表す話法詞	113
関係副詞	3, 34, 37, 42, 43, 53-54
感嘆詞	146
感嘆文	83-84, 127-128, 141-142, 143
間投詞	146
願望文	5, 127, 140-141, 143

き

基準時　　37-42
機能　　2-4, 7-8, 9, 12, 19, 21, 24, 28, 34
　　　　43, 46, 49, 50, 54, 56, 57, 62-65
　　　　67, 68, 74, 75, 77, 79, 80, 84, 85
　　　　104, 119-123, 125, 126, 127
　　　　130, 131, 139, 144, 146-148
疑問詞　　6, 30, 54, 92, 94, 127, 134-135
疑問副詞　　34, 35-36, 42, 43, 46, 54-56

く

空間副詞　　8, 9, 21-36, 51, 53, 54, 56
　　　　　　58, 60, 80, 91-92, 110

け

決定疑問文　　5, 7, 49, 89, 107, 109-110
　　　　　　　111, 122-123, 127, 132-134
　　　　　　　143, 144-145, 148
原級　　13-15, 22

事項の索引

現実世界	4-7,37,44,68-79,80,85 95,102,107,109,110-111 115-116,128-141,145

さ

最上級	13,15-16,22-24

し

時間副詞	8,9,21-29,33,36-42 51,53,54,56,58,60 70,75,80,91-92
事実主張の話法詞	95,96,99-101 102-103,105-110
事実判断の話法詞	95-99,102-103 105,107-109
修辞疑問文	134-137
主語指向の話法詞	117-118
順序を表す副詞	41
上位ランク型とりたて詞	66
状況語	1
焦点	59-65,68-70,80-81 88-91,123-125
心情表出の話法詞	112-113,116
心態詞	8,42,49,57,71,86 88,108,120-146

す

スケール詞	8,57,58,68-79

せ

制限・付加副詞	48-50,58
接続副詞	3,8,46-54,58,120-121 123,125,133,145

選択型とりたて機能	63-65

そ

想定世界	4-7,63,64,66,67,68-79 80,95,102,103,107-111 116,119,127-142

た

代名副詞	3,46,50-53,55
代用表現	94

て

程度副詞	8,9-21,23,42,54,103,111
添加語	1
添加成分	25-26

と

とりたて詞	8,48,50,57-67,68 88,123

の

述べ方に関わる話法詞	45,95,119-120

は

排除的とりたて詞	63-65,68
発話時	37-39,71-74
話し手の心情・評価に関わる話法詞	95,112-119
話し手の心的態度	91,92-95
話し手の判断に関わる話法詞	95-111
判断留保の話法詞	95,102,103
反復を含意する副詞	41

ひ

比較型とりたて機能	63,65-67
比較級	13-16,22-23
比較変化	2,11,12,15,20,22-24,87,122
否定	17,37,41-42,67,72-73,75,79-85,87,93,103-104,126,131,134,135,142,148
否定詞	8,17,57,79-85,88,103
否定副詞	41-42,80
評価の話法詞	113-116,117
頻度を表す副詞	41

ふ

副詞的要素	1-2,28-29
不定詞	18-19,29,52,82,138
部分否定	81-83
不変化詞	120
文アクセント	49,97,108,122,131,133,135,136,139,145
文肢	11,44,46,48,49,50,59,60,70,80,81,88,123
文肢性	11,58,75,80,88,91,108,125
文肢否定	81
文性	91,92,108
文相当詞	146
文否定	81-83
文副詞	86,89

へ

平叙文	5-7,88,93,110,117,122,123,127,128-132,133,137,142-143
並列の接続詞	120,144,145

ほ

包含的とりたて詞	63-65
補足疑問文	92,110,134-137,143,145
補足語	1
補足成分	24-25,29,83

め

命題	6-8,44,57,59,85,92,95-118,123,128-142
命題外機能	7-8,57-149
命題内機能	7-8,9-56
命令文	5,88,111,117,127,131,137-140,143,145

よ

様態副詞	8,9,12,21-29,42-44,51,54,86,89,91,92,108,116

わ

枠組み	6,9,27-28
話法詞	8,17,42,44,57,85-120,123,125,126,136

目録進呈　落丁本・乱丁本はお取替えいたします。

平成12年2月28日　　ⓒ第1版発行
平成12年5月30日　　　第2版発行

〈ドイツ語文法シリーズ〉5

副詞

著　者　井口　靖
　　　　（いのくち　やすし）

発行者　佐藤　政人

発行所
株式会社　大学書林
東京都文京区小石川4丁目7番4号
振替口座　　　00120-8-43740
電話　東京 (03) 3812-6281〜3番
郵便番号112-0002

ISBN4-475-01494-8　　写研・横山印刷・文章堂製本

浜崎長寿・乙政潤・野入逸彦編集

「ドイツ語文法シリーズ」

第Ⅰ期10巻内容（※は既刊）

第1巻
「ドイツ語文法研究概論」　　浜崎長寿・乙政　潤・野入逸彦

第2巻
「名詞・代名詞・形容詞」　　浜崎長寿・橋本政義

第3巻
「冠詞・前置詞・格」　　成田　節

第4巻
「動詞」　　浜崎長寿・野入逸彦・八本木　薫

第5巻
※「副詞」　　井口　靖

第6巻
「接続詞」　　村上重子

第7巻
「語彙・造語」　　野入逸彦・太城桂子

第8巻
「発音・綴字」　　野入逸彦

第9巻
※「副文・関係代名詞・関係副詞」　　乙政　潤・橋本政義

第10巻
「表現・文体」　　乙政　潤

― 目　録　進　呈 ―